CÁLCULO APLICADO À GESTÃO E AOS NEGÓCIOS

O selo DIALÓGICA da Editora InterSaberes faz referência às publicações que privilegiam uma linguagem na qual o autor dialoga com o leitor por meio de recursos textuais e visuais, o que torna o conteúdo muito mais dinâmico. São livros que criam um ambiente de interação com o leitor – seu universo cultural, social e de elaboração de conhecimentos –, possibilitando um real processo de interlocução para que a comunicação se efetive.

CÁLCULO APLICADO À GESTÃO E AOS NEGÓCIOS

Nelson Pereira Castanheira

Editora
intersaberes

EDITORA intersaberes

Rua Clara Vendramin, 58 – Mossunguê
CEP 81200-170 – Curitiba – PR – Brasil
Fone: (41) 2106-4170
www.intersaberes.com
editora@editoraintersaberes.com.br

Conselho editorial
Dr. Ivo José Both (presidente)
Dr.ª Elena Godoy
Dr. Nelson Luís Dias
Dr. Neri dos Santos
Dr. Ulf Gregor Baranow

Editora-chefe
Lindsay Azambuja

Supervisora editorial
Ariadne Nunes Wenger

Analista editorial
Ariel Martins

Capa
Design Guilherme Yukio Watanabe
Imagens Pressmaster/Shutterstock

Projeto gráfico
Sílvio Gabriel Spannenberg

Adaptação do projeto gráfico
Kátia Priscila Irokawa

Diagramação
Regiane Rosa

Iconografia
Regina Claudia Cruz Prestes

Dados Internacionais de Catalogação na Publicação (CIP)
(Câmara Brasileira do Livro, SP, Brasil)

Castanheira, Nelson Pereira
 Cálculo aplicado à gestão e aos negócios / Nelson Pereira Castanheira.
Curitiba: Intersaberes, 2016.

 ISBN 978-85-5972-104-1

 1. Administração – Estatística 2. Cálculos 3. Gestão empresarial
4. Matemática financeira 5. Negócios 6. Tomada de decisão (Administração)
I. Título.

16-04847   CDD-650.01513

Índices para catálogo sistemático:
1. Matemática financeira: Administração   650.01513

1ª edição, 2016.
Foi feito o depósito legal.

Informamos que é de inteira responsabilidade do autor a emissão de conceitos.
Nenhuma parte desta publicação poderá ser reproduzida por qualquer meio
ou forma sem a prévia autorização da Editora InterSaberes.
A violação dos direitos autorais é crime estabelecido na Lei n. 9.610/1998 e
punido pelo art. 184 do Código Penal.

Sumário

9 *Agradecimentos*
11 *Apresentação*
13 *Introdução*
14 *Como aproveitar ao máximo este livro*

19 **Capítulo 1 – Lógica matemática**
20 1.1 Problematização
21 1.2 Proposição
21 1.3 Classificação das proposições e dos valores lógicos
22 1.4 Conectivos
23 1.5 Notação
24 1.6 Operações lógicas
25 1.7 Tabela-verdade
28 1.8 Tautologia
29 1.9 Contradição
29 1.10 Contingência

45 **Capítulo 2 – Medidas de tendência central e medidas de dispersão**
46 2.1 População e amostra
46 2.2 Estatística descritiva e estatística indutiva
46 2.3 Frequência absoluta
48 2.4 Método estatístico
51 2.5 Séries estatísticas
53 2.6 Problematização
53 2.7 Medidas de tendência central ou de posição
62 2.8 Medidas de dispersão: amplitude, desvio médio, variância e desvio-padrão

73 **Capítulo 3 – Probabilidades**
74 3.1 Problematização
74 3.2 Probabilidade e espaço amostral
75 3.3 Cálculo da probabilidade
77 3.4 Eventos mutuamente exclusivos e eventos não mutuamente exclusivos
77 3.5 Regra da multiplicação

78	3.6 Regra da adição
80	3.7 Distribuição de probabilidades

95 Capítulo 4 – Métodos quantitativos

96	4.1 Problematização
96	4.2 Regressão
97	4.3 Correlação
97	4.4 Diagrama de dispersão
99	4.5 Reta de regressão
102	4.6 Coeficiente de correlação de Pearson
107	4.7 Correlação e regressão linear múltipla
109	4.8 Coeficiente de correlação para regressão linear múltipla

119 Capítulo 5 – Regimes de capitalização

120	5.1 Problematização
120	5.2 Capitalização
123	5.3 Capitalização simples
125	5.4 Descontos simples
127	5.5 Capitalização composta
131	5.6 Descontos compostos
133	5.7 Período fracionário
135	5.8 Taxa nominal
136	5.9 Taxa efetiva
137	5.10 Taxa real e taxa aparente

143 Capítulo 6 – Rendas, Taxa Interna de Retorno (TIR) e Valor Presente Líquido (VPL)

144	6.1 Problematização
145	6.2 Renda
153	6.3 Taxa Interna de Retorno (TIR)
156	6.4 Valor Presente Líquido (VPL)

161	*Para concluir...*
162	*Referências*
163	*Respostas*
193	*Sobre o autor*

Dedico este livro a meus filhos, Kendric, Marcel e Marcella, a quem agradeço pelos momentos de alegria que dividimos e pela compreensão quando estive ausente para escrevê-lo.

Agradecimentos

Primeiramente, agradeço a Deus por me permitir, durante tantos anos, transmitir conhecimentos aos estudiosos nos mais diversos locais de nosso país.

Agradeço a meus amigos, que sempre me incentivaram a permanecer na docência, levando o conhecimento àqueles que desejam crescer intelectual e profissionalmente.

Em especial, agradeço a meus filhos, que são inquestionavelmente minha alegria de viver e de quem estive afastado durante a realização desta obra.

Apresentação

Durante a elaboração deste livro, estivemos atentos à necessidade que têm as pessoas em compreender a matemática e à dificuldade que sentem em interpretar textos excessivamente complexos, com linguajar rebuscado e totalmente diferente daquele que utilizam em seu cotidiano.

Por essa razão, procuramos uma linguagem fácil, dialógica, para que o estudante não precise permanentemente da presença de um professor, de um tutor ou de um profissional da área. Especial atenção foi dada também à demanda que ele apresenta por desempenhar com sucesso outras disciplinas que tenham a matemática como pré-requisito e à necessidade do docente de usar um livro-texto que facilite seu papel de educador.

Nossa experiência mostrou, ainda, que, para o total aprendizado da matemática, é de suma importância a apresentação de exemplos resolvidos passo a passo e que deem o suporte necessário ao estudante para a resolução, sem dificuldade, de outros similares.

Assim, convidamos você a mergulhar nesse universo fantástico do cálculo, tão relevante para a gestão dos negócios e para as tomadas de decisão. Ao longo da obra, você tomará conhecimento de instrumentos importantes para seu empreendimento, além de enriquecer seu conhecimento.

Boa leitura!

O autor

Introdução

Este livro foi elaborado em capítulos e estruturado para permitir sua aplicação tanto em cursos presenciais quanto a distância. É uma obra escrita em linguagem dialógica, ou seja, de fácil compreensão, que tem como base a taxonomia de Bloom e está organizada numa sequência lógica a quem pretende dominar a matemática, indispensável a um curso de graduação em Administração e cursos afins de gestão. Procuramos explorar somente os tópicos, em cada conteúdo, que são úteis àqueles que pretendem exercer cargos de gestão ou mesmo participar de concursos, seja em empresa pública, seja em empresa privada.

Cabe a um gestor, independentemente da área, dominar os conceitos que esta obra lhe oferece, pois é importante o conhecimento das ferramentas que a estatística e os métodos quantitativos disponibilizam para a tomada de decisão. É de igual importância conhecer a matemática financeira para um gerenciamento adequado do orçamento de uma empresa, seja qual for o seu porte.

No Capítulo 1, explicamos a lógica matemática, baseada em proposições, de tal forma que o aluno possa raciocinar corretamente na investigação da verdade. Trata-se de conteúdo muito cobrado em testes de concursos e da Associação Nacional de Pós-Graduação e Pesquisa em Administração (Anpad).

No Capítulo 2, analisamos as medidas de tendência central e as medidas de dispersão, que constituem a base da estatística descritiva, essenciais ao administrador e demais gestores quando necessitam analisar uma base de dados para a tomada de decisão.

No Capítulo 3, detalhamos a teoria das probabilidades, com exemplos de aplicação na resolução de problemas de nosso dia a dia, mostrando, em linguagem simples, as ferramentas que permitem determinar a probabilidade de um evento acontecer.

No Capítulo 4, dentro dos métodos quantitativos, demos especial atenção ao estudo da correlação, ou seja, ao grau de relacionamento existente entre variáveis dependentes e independentes. Buscamos exemplos de como descrever e explicar, por meio de um modelo matemático, fenômenos que ocorrem na vida real. Os métodos quantitativos oferecem ao administrador e demais gestores modelos que, se adequadamente aplicados, possibilitam a correta tomada de decisão.

No Capítulo 5, sintetizamos os conceitos que fazem parte dos regimes de capitalização simples e composto, com exemplos do mundo financeiro. Abordamos somente os tópicos necessários a um administrador ou gestor para corretamente interpretar os resultados financeiros de uma empresa no dia a dia.

Finalmente, no Capítulo 6, destacamos o estudo de rendas ou séries uniformes, de Taxa Interna de Retorno (TIR) e de Valor Presente Líquido (VPL), importantes ferramentas para a tomada de decisão no momento de um investimento.

Boa leitura!

COMO APROVEITAR AO MÁXIMO ESTE LIVRO

Este livro traz alguns recursos que visam enriquecer seu aprendizado, facilitar a compreensão dos conteúdos e tornar a leitura mais dinâmica. São ferramentas projetadas de acordo com a natureza dos temas que vamos examinar. Veja a seguir como esses recursos se encontram distribuídos no decorrer desta obra.

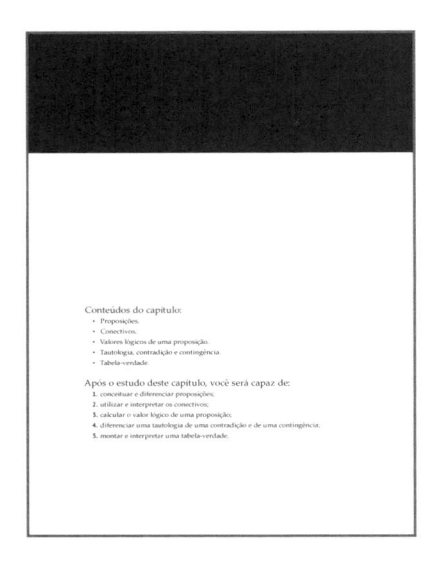

Conteúdos do capítulo:
Logo na abertura do capítulo, você fica conhecendo os conteúdos que serão abordados.

Após o estudo deste capítulo, você será capaz de:
Você também é informado a respeito das competências que irá desenvolver e dos conhecimentos que irá adquirir com o estudo do capítulo.

Síntese
Você dispõe, ao final do capítulo, de uma síntese que traz os principais conceitos nele abordados.

Questões para revisão

Com estas atividades, você tem a possibilidade de rever os principais conceitos analisados. Ao final do livro, o autor disponibiliza as respostas às questões, a fim de que você possa verificar como está sua aprendizagem.

Exercícios resolvidos

Nesta seção a proposta é acompanhar passo a passo a resolução de alguns problemas mais complexos que envolvem o assunto do capítulo.

Questões para reflexão

Estas questões têm o objetivo de levar você a refletir sobre determinado assunto e assumir uma postura crítica ao trocar ideias e experiências com seus pares.

Para saber mais

Você pode consultar as obras indicadas nesta seção para aprofundar sua aprendizagem.

Conteúdos do capítulo:
- Proposições.
- Conectivos.
- Valores lógicos de uma proposição.
- Tautologia, contradição e contingência.
- Tabela-verdade.

Após o estudo deste capítulo, você será capaz de:
1. conceituar e diferenciar proposições;
2. utilizar e interpretar os conectivos;
3. calcular o valor lógico de uma proposição;
4. diferenciar uma tautologia de uma contradição e de uma contingência;
5. montar e interpretar uma tabela-verdade.

Lógica matemática

A lógica matemática é uma das partes mais jovens da matemática, com pouco mais de um século de existência. Seu estudo se baseia em proposições, ou seja, em sentenças declarativas, de tal forma que nos permitam raciocinar corretamente na investigação da verdade. Verifique a sequência de estudo na Figura 1.1.

Figura 1.1 – Sequência dos assuntos a estudar em lógica matemática

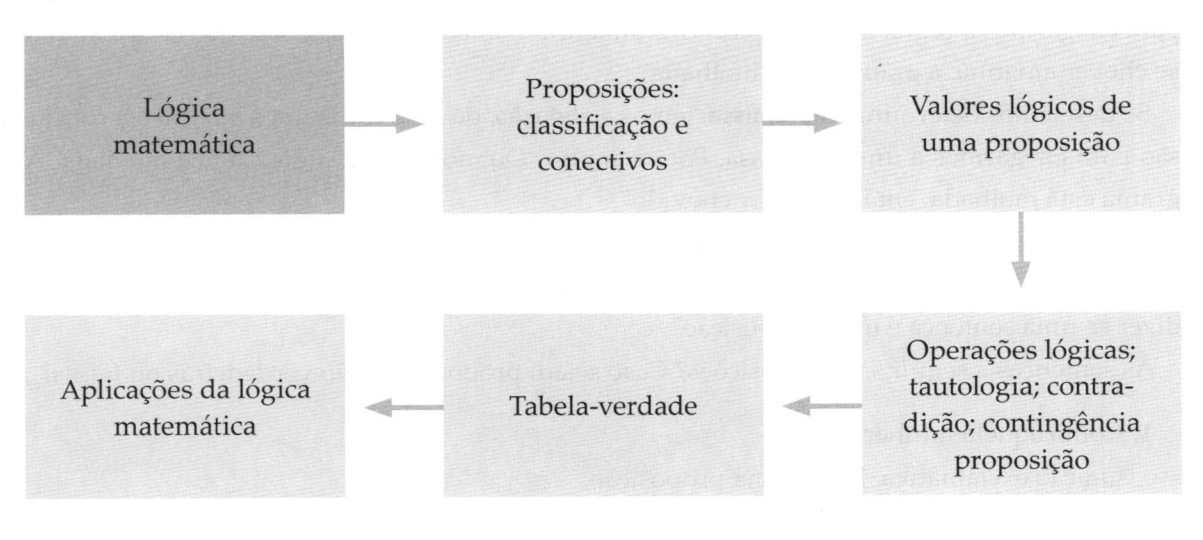

```
Lógica matemática → Proposições: classificação e conectivos → Valores lógicos de uma proposição
                                                                            ↓
Aplicações da lógica matemática ← Tabela-verdade ← Operações lógicas; tautologia; contradição; contingência proposição
```

Uma **proposição** é um conjunto de palavras ou de símbolos que exprime um pensamento de sentido completo. Ela só pode assumir um de dois valores lógicos: verdadeiro (V) ou falso (F).

Para o correto entendimento da lógica matemática e, por consequência, do raciocínio lógico, precisamos conhecer dois princípios fundamentais (Abar, 2011). São eles:

a) Princípio da não contradição – Uma proposição não pode ser verdadeira e falsa ao mesmo tempo.

b) Princípio do terceiro excluído – Toda proposição ou é verdadeira ou é falsa, ou seja, não há um terceiro valor.

Há ainda um terceiro princípio lógico do pensamento que chamamos de *princípio da identidade* e que pode ser definido do seguinte modo: todas as coisas são idênticas a si próprias.

1.1 Problematização

Na lógica matemática, podemos distinguir três formas de raciocínio lógico: a **dedução**, a **indução** e a **abdução**. Para tal, precisamos de uma premissa, de uma conclusão e de uma regra segundo a qual a premissa implica a conclusão.

Se desejamos determinar a **conclusão**, temos a **dedução**, ou seja, utilizamos a regra e a premissa para chegarmos a uma conclusão. Por exemplo: "Quando chove, a grama fica molhada. Choveu hoje. Portanto, a grama está molhada".

Se desejamos determinar a **regra**, temos a **indução**, ou seja, utilizamos a premissa e a conclusão para chegarmos à regra. Por exemplo: "A grama fica molhada todas as vezes que chove. Então, se chover amanhã, a grama ficará molhada".

Se desejamos determinar a **premissa**, temos a **abdução**, ou seja, utilizamos a regra e a conclusão para chegarmos a uma premissa. Por exemplo: "Quando chove, a grama fica molhada. A grama está molhada, então pode ter chovido".

Assim, o raciocínio lógico é fundamental para a tomada de decisões em situações do dia a dia. Você está preparado para distinguir se uma proposição é verdadeira ou é falsa? Saberia dizer se uma sentença é uma proposição?

As sentenças a seguir são proposições? Caso sejam proposições, são verdadeiras ou falsas?

1. Como aquela mulher é linda!

    Oração exclamativa. Não é uma proposição.
2. Brasília é a capital da Argentina.

    É uma proposição. É falsa.
3. Aquele casal é feliz?

    Oração interrogativa. Não é uma proposição.
4. $49 > 5 + 20$.

    É uma proposição. É verdadeira.
5. Fique quieto.

    Oração imperativa. Não é uma proposição.
6. x é menor do que 15.

    Sentença aberta. Não é uma proposição.

7. Existe um número primo menor do que 3.

    É uma proposição. É verdadeira.

8. Deus te crie.

    Oração optativa. Não é uma proposição.

9. $10^2 > 1000$.

    É uma proposição. É falsa.

10. A boneca da Cristina.

    Oração sem verbo. Não é uma proposição.

1.2 Proposição

A lógica matemática é a parte da matemática que se preocupa com o exame da lógica formal e suas aplicações nas diversas áreas do conhecimento e se baseia em proposições sobre as quais trataremos a seguir, de tal forma que diferenciamos a linguagem formal da linguagem cotidiana.

Afinal, o que é uma proposição? "Uma proposição é um conjunto de palavras ou de símbolos que exprime um pensamento de sentido completo" (Alencar Filho, 2002, p. 11).

Exemplos:

1. A Terra é quadrada.
2. Brasília é a capital do Brasil.
3. Curitiba é a capital de Santa Catarina.
4. O número 13 é primo.

Observe que nem toda sentença é uma proposição. Não são proposições:

1. as sentenças interrogativas;
2. as sentenças exclamativas;
3. as sentenças imperativas;
4. os poemas;
5. as sentenças abertas.

1.3 Classificação das proposições e dos valores lógicos

Quanto à classificação, uma proposição pode ser:

a) Simples ou atômica – Quando representada de forma única, ou seja, uma única sentença declarativa; não contém outra proposição como parte de si mesma, é um pensamento singular. Vejamos alguns exemplos de proposições simples.

    1. O Brasil é um país continental.
    2. Nelson é professor.
    3. O Brasil é banhado pelo Oceano Pacífico.

4. O número 10 é ímpar.
5. Fortaleza é a capital do Ceará.

b) **Composta ou molecular** – Quando constituída por duas ou mais proposições simples interligadas por meio de conectivos (*e, ou, não, se... então..., se e somente se*). Vejamos alguns exemplos de proposições compostas.

1. Hoje é domingo e Sonia é médica.
2. Recife é capital do Pará e Francisco é veterinário.
3. Mônica tem 26 anos e o fumo pode causar câncer.
4. Paris é a capital da França ou 6 + 8 = 14.
5. Mário joga basquete se e somente se Mário é alto.

Somente um de dois valores lógicos é possível atribuir a uma proposição: verdadeiro (V) ou falso (F). Por exemplo:

1. A Terra é quadrada (F).
2. Brasília é a capital do Brasil (V).
3. Curitiba é a capital de Santa Catarina (F).
4. O número 13 é primo (V).

1.4 Conectivos

Os conectivos são termos usados para formar novas proposições com base em outras existentes. São conectivos: *e, ou, não, se... então..., se e somente se..., ou... ou...*

Você pode observar nos exemplos de proposições compostas dados anteriormente que utilizamos os conectivos "e", "ou" e "se e somente se".

Simbolicamente, os conectivos são representados conforme ilustra o Quadro 1.1.

Quadro 1.1 – Conectivos

não	e	ou	se... então...	se e somente se...	ou... ou...
~	∧	∨	→	↔	v̲

Vejamos mais exemplos de proposições compostas com a utilização dos conectivos.

1. **Não** é verdade que Paulo é médico **ou** Maria é dentista.
2. O número 2 é par **e** o número 3 é primo.
3. Hoje irei ao cinema **ou** irei ao futebol.
4. **Se** João é médico, **então** Maria é paciente.
5. José é jogador de basquete **se e somente se** José é alto.
6. **Ou** Eduardo é advogado **ou** Iolanda é advogada.

1.5 Notação

Uma proposição, seja simples, seja composta, tem um valor lógico que, como vimos anteriormente, ou é verdadeiro (V) ou é falso (F).

O valor lógico de uma proposição simples é indicado por V(p) e o de uma proposição composta, por V(P). Vamos exemplificar.

Na proposição simples:

p: Um quadrado tem quatro lados.

Dizemos que

V(p) = V;

ou seja, dizemos que a proposição é verdadeira.

Na proposição simples:

q: Florianópolis é a capital do Mato Grosso.

Dizemos que

V(q) = F;

ou seja, dizemos que a proposição é falsa.

Na proposição composta P(p, q) = p ∧ q

p: 4 é um número par.

q: Roma é a capital da Itália.

Dizemos que

V(P) = V.

É importante lembrar que o símbolo ∧ representa o conectivo "e". Assim, ao afirmarmos que a proposição composta é verdadeira, estamos assumindo que são verdadeiras a primeira **e** a segunda proposições simples.

Na proposição composta P(p, q) = p ∨ q

p: 8 é um número ímpar.

q: Cuiabá é a capital do Rio de Janeiro.

Dizemos que

V(P) = F.

Vale lembrar que o símbolo ∨ representa o conectivo "ou". Assim, ao afirmarmos que a proposição composta é falsa, estamos assumindo que são falsas a primeira e a segunda proposições simples. A proposição composta com o conectivo "ou" será verdadeira quando a primeira proposição simples for verdadeira **ou** a segunda proposição simples for verdadeira **ou** ambas forem verdadeiras.

1.6 Operações lógicas

Operações lógicas são aquelas realizadas sobre as proposições. São elas:

a) Negação (~)

A negação ou modificador lógico de uma proposição p é indicada por **~p** (lemos **não p**). Por definição, o valor lógico é V quando p é falso e F quando p é verdadeiro. Que tal um exemplo?

p: Cuiabá é a capital do Rio de Janeiro.
V(p) = F
~p: Cuiabá não é a capital do Rio de Janeiro.
V(~p) = V

b) Conjunção (∧)

A conjunção ou produto lógico de duas proposições p e q, que indicamos por **p ∧ q** (lemos **p e q**), só é verdadeira quando ambas forem verdadeiras. Por exemplo:

p: 8 < 12
q: 3 é um número primo.
p ∧ q: 8 < 12 e 3 é um número primo.
P(p, q) = p ∧ q
V(P) = V

c) Disjunção (∨)

A disjunção ou soma lógica de duas proposições p e q, que indicamos por **p ∨ q** (lemos **p ou q**), é verdadeira quando pelo menos uma delas for verdadeira. A disjunção só será falsa quando ambas forem falsas. Por exemplo:

p: 4 > 2
q: 8 é um número primo.
p ∨ q: 4 > 2 ou 8 é um número primo.
P(p, q) = p ∨ q
V(P) = V

d) Disjunção exclusiva (∨̲)

A disjunção exclusiva, que indicamos por **p ∨̲ q** (lemos **ou p ou q**), só é verdadeira quando apenas uma das proposições componentes for verdadeira, ou seja, quando uma for verdadeira e a outra for falsa. Vamos exemplificar.

p: Mariana é curitibana. (V)
q: Mariana é carioca. (F)
p ∨ q: ou Mariana é curitibana ou Mariana é carioca.
P(p, q) = p ∨ q
V(P) = V

p: O Sol gira em torno da Terra. (F)
q: A Terra é um satélite da Lua. (F)
p ∨ q: ou o Sol gira em torno da Terra ou a Terra é um satélite da Lua.
P(p, q) = p ∨ q
V(P) = F

e) Condicional (→)

A proposição condicional ou implicação, que indicamos por **p → q** (lemos **se p então q**), é aquela que é falsa quando p for verdadeira e q for falsa. Nos demais casos ela é verdadeira. Por exemplo:

p: Vasco venceu o jogo. (V)
q: Vasco empatou o jogo. (F)
p → q: Se Vasco venceu o jogo, então Vasco empatou o jogo.
P(p, q) = p → q
V(P) = F

f) Bicondicional (↔)

A proposição bicondicional, que indicamos por **p ↔ q** (lemos **p se e somente se q**), é aquela que é verdadeira somente quando as proposições componentes forem ambas verdadeiras ou ambas falsas. Por exemplo?

p: A grama está molhada. (V)
q: Choveu. (V)
p ↔ q: A grama está molhada se e somente se choveu.
P(p, q) = p ↔ q
V(P) = V

1.7 Tabela-verdade

Uma tabela-verdade é um dispositivo prático que mostra todos os valores lógicos de uma proposição. Para uma proposição simples, temos somente dois valores possíveis: V (verdadeiro) ou F (falso). Por exemplo: seja a proposição simples, que indicaremos por p, "Curitiba é a capital do Estado do Paraná". A tabela-verdade dessa proposição está descrita na Tabela 1.1.

Tabela 1.1 – Valores lógicos para uma proposição

p
V
F

Para uma proposição composta, é necessário analisar passo a passo, como veremos a seguir. O número de linhas de uma tabela-verdade para uma proposição composta é igual a 2^n, em que n é o número de proposições simples que compõem a proposição composta. Assim, se tivermos duas proposições simples, o número de linhas da tabela-verdade será $2^2 = 4$ linhas; se forem três proposições simples, o número será $2^3 = 8$ linhas; e assim por diante.

Vamos dar um exemplo. Seja a proposição composta:

p: A grama está molhada. (V)
q: Choveu. (V)
p $\leftrightarrow$ q: A grama está molhada se e somente se choveu.
P(p, q) = p $\leftrightarrow$ q

Temos, nesse, caso duas proposições simples, p e q. Teremos, então, quatro linhas na tabela-verdade, conforme é possível verificar na Tabela 1.2.

Tabela 1.2 – Tabela-verdade da proposição composta p $\leftrightarrow$ q

p	q	p $\leftrightarrow$ q
V	V	V
V	F	F
F	V	F
F	F	V

Vamos, então, analisar as tabelas-verdade para cada um dos conectivos estudados.

a) Negação (~)

A tabela-verdade desse conectivo mostra que a proposição p tem como negação a proposição ~p. Assim, se p é verdadeira, ~p é falsa; se p é falsa, ~p é verdadeira. A Tabela 1.3 ilustra essa situação.

Tabela 1.3 – Tabela-verdade da negação (~)

p	~p
V	F
F	V

b) Conjunção (∧)

Lembre-se que o símbolo ∧ significa "e"; portanto, p ∧ q (lemos *p e q*). A tabela-verdade nos mostra que a proposição composta só é verdadeira quando as proposições simples p e q são ambas verdadeiras, conforme fica evivenciado na Tabela 1.4. A conjunção é também conhecida como *produto lógico de proposições*.

Tabela 1.4 – Tabela-verdade da conjunção (∧)

P	q	p ∧ q
V	V	V
V	F	F
F	V	F
F	F	F

c) Disjunção (∨)

Lembre-se que o símbolo ∨ representa "ou"; portanto, p ∨ q (lemos *p ou q*). A tabela-verdade sinaliza que a proposição composta só é verdadeira quando ao menos uma das proposições simples p ou q é verdadeira, de acordo com o que mostra a Tabela 1.5. A disjunção é também conhecida como *soma lógica de proposições*.

Tabela 1.5 – Tabela-verdade da disjunção (∨)

P	q	p ∨ q
V	V	V
V	F	V
F	V	V
F	F	F

d) Disjunção exclusiva (v̲)

Lembre-se que o símbolo v̲ significa "ou... ou..."; portanto, p v̲ q (lemos *ou p ou q*), mas não ambos. A tabela-verdade aponta que a proposição composta só é verdadeira quando apenas uma proposição simples é verdadeira e a outra é falsa, conforme é possível observar na Tabela 1.6.

Tabela 1.6 – Tabela-verdade da disjunção exclusiva (v̲)

P	q	p v̲ q
V	V	F
V	F	V
F	V	V
F	F	F

e) Condicional (→)

Lembre-se que o símbolo → representa "se...então"; portanto, p → q (lemos *se p então q*). A proposição condicional, também chamada de *implicação*, é falsa, por definição, quando p é verdadeira e q é falsa. Nos demais casos, é verdadeira, como mostrado na tabela-verdade (Tabela 1.7).

Tabela 1.7 – Tabela-verdade da condicional (→)

P	q	p → q
V	V	V
V	F	F
F	V	V
F	F	V

f) Bicondicional (↔)

Lembre-se de que o símbolo ↔ significa "se e somente se"; por isso, p ↔ q (lemos *p se e somente se q*). A tabela-verdade (Tabela 1.8) nos mostra que a proposição bicondicional, também chamada de *equivalência*, é verdadeira se e somente se p e q têm o mesmo valor lógico, ou seja, se e somente se as proposições p e q forem ambas verdadeiras ou ambas falsas.

Tabela 1.8 – Tabela-verdade da bicondicional (↔)

P	q	p ↔ q
V	V	V
V	F	F
F	V	F
F	F	V

1.8 Tautologia

Estudamos que uma proposição pode ser simples ou composta. A proposição composta é chamada de **tautologia** quando seu valor lógico é sempre verdadeiro. Por exemplo: a proposição p ∨ ~p é uma tautologia, pois seu valor lógico é sempre verdadeiro. Veja a tabela-verdade a seguir, representada na Tabela 1.9.

Tabela 1.9 – Tabela-verdade da proposição p ∨ ~p (tautologia)

P	~p	p ∨ ~p
V	F	V
F	V	V

Como outro exemplo, vamos analisar se a proposição (p ∧ ~p) → (q ∨ p) é uma tautologia. Para a análise, faremos a tabela-verdade (Tabela 1.10).

Tabela 1.10 – Tabela-verdade da proposição (p ∧ ~p) ∨ (q ∨ p) (tautologia)

P	q	~p	p ∧ ~p	q ∨ p	(p ∧ ~p) → (q ∨ p)
V	V	F	F	V	V
V	F	F	F	V	V
F	V	V	F	V	V
F	F	V	F	F	V

Verificamos, portanto, que se trata de uma tautologia.

1.9 Contradição

Uma proposição é chamada de *contradição* quando seu valor lógico é falso quaisquer que sejam os valores lógicos das proposições simples envolvidas. Por exemplo: a proposição p ∧ ~p é uma contradição porque seu valor lógico é sempre falso. Veja a tabela-verdade (Tabela 1.11) a seguir.

Tabela 1.11 – Tabela-verdade da proposição (p ∧ ~p) (contradição)

P	~p	p ∧ ~p
V	F	F
F	V	F

É importante observar que uma proposição não pode ser falsa e verdadeira ao mesmo tempo.

Como outro exemplo, vamos analisar se a proposição (p ∨ ~q) ↔ (~p ∧ q) é uma contradição. Para tanto, vejamos a tabela-verdade ilustrada na Tabela 1.12.

Tabela 1.12 – Tabela-verdade da proposição (p ∨ ~q) ↔ (~p ∧ q) (contradição)

P	q	~p	~q	p ∨ ~q	~p ∧ q	(p ∨ ~q) ↔ (~p ∧ q)
V	V	F	F	V	F	F
V	F	F	V	V	F	F
F	V	V	F	F	V	F
F	F	V	V	V	F	F

Confirmamos, portanto, que se trata de uma contradição.

1.10 Contingência

Uma proposição composta é chamada de *contingência* quando não for nem uma tautologia nem uma contradição, ou seja, quando os valores lógicos dela não forem nem todos verdadeiros (tautologia) nem todos falsos (contradição).

Como exemplo, vamos verificar se a proposição composta (p ∨ q) → (p ∧ q) é uma contingência. Para a análise, vejamos a tabela-verdade, ilustrada na Tabela 1.13.

Tabela 1.13 – Tabela-verdade da proposição (p ∨ q) → (p ∧ q) (contingência)

p	q	p ∨ q	p ∧ q	(p ∨ q) → (p ∧ q)
V	V	V	V	V
V	F	V	F	F
F	V	V	F	F
F	F	F	F	V

Podemos concluir que se trata de uma contingência, pois não é nem uma tautologia nem uma contradição.

Síntese

Neste capítulo, mostramos o que vem a ser a lógica matemática e exploramos bastante o conceito de proposição. Apresentamos proposições simples e proposições compostas, com base na utilização dos conectivos. Na sequência, detalhamos as operações lógicas, envolvendo negação, conjunção, disjunção, disjunção exclusiva, proposição condicional e proposição bicondicional. Considerando a elaboração e a análise das tabelas-verdade, essas operações facilitaram a compreensão. Por último, tratamos de tautologia, contradição e contingência.

Observe que o raciocínio lógico nos ajuda a pensar e a solucionar situações no dia a dia dos negócios. Com a aplicação das normas da lógica matemática, podemos chegar a uma conclusão ou resolver problemas. São raciocínios que nos ajudam até a entender a Teoria dos Conjuntos e a Teoria de Modelos, que dão suporte a sistemas matemáticos.

Exercícios resolvidos

Você, ao se graduar, deverá estar apto a realizar um excelente teste na Associação Nacional de Pós-Graduação e Pesquisa em Administração (Anpad). Saiba que nesses exames sempre há muitas questões de lógica matemática. Vamos, então, apresentar-lhe algumas das questões que integraram a prova aplicada em setembro de 2006, seguidas das respostas explicadas.

1) "Sejam X e Y conjuntos não vazios. Se a afirmação 'todo X é Y' é _____, então a afirmação 'nenhum X é Y' é falsa e a afirmação 'alguns X são Y' é _____. Agora, se a negação de 'todo X é Y' é uma afirmação falsa, então a afirmação 'alguns X são Y' será _____". Qual das seguintes alternativas completa de forma CORRETA, na ordem, as lacunas do texto acima?
   a. falsa; verdadeira; falsa.
   b. falsa; falsa; falsa.
   c. verdadeira; verdadeira; verdadeira.
   d. verdadeira; falsa; falsa.
   e. verdadeira; falsa; verdadeira.

Resposta: c.

Se é verdade que "todo X é Y" (Figura 1), a afirmação de que "nenhum X é Y" é falsa e a afirmação "alguns X são Y" é verdadeira. Se a negação de "todo X é Y" é uma afirmação falsa, isso implicará que "alguns X são Y" é verdadeira. Por outro lado, se "todo X é Y" é uma afirmação falsa (Figuras 2 e 3), então a afirmação de que "nenhum X é Y" é falsa não pode ser garantida, e a de que "alguns X são Y" pode ser tanto verdadeira como falsa. Se a negação de "todo X é Y" é uma afirmação falsa, isso implicará que "alguns X são Y" é verdadeira.

Diagrama de Venn para dois conjuntos não vazios

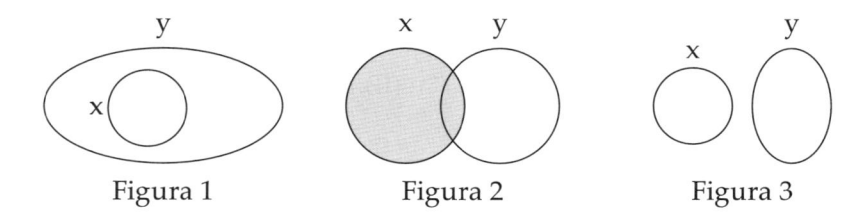

Figura 1   Figura 2   Figura 3

2) Sete pessoas comeram duas *pizzas*. Cada uma das *pizzas* estava dividida em dez pedaços iguais. Sabendo-se que cada uma das pessoas comeu ao menos um pedaço da *pizza*, que não sobraram pedaços e, ainda, que cada uma só comeu pedaços inteiros sem deixar restos, pode-se ter certeza de que:

a. uma delas comeu, no mínimo, três pedaços.
b. alguém comeu quatro pedaços.
c. uma delas comeu somente um pedaço.
d. todas comeram dois pedaços.
e. algumas comeram dois pedaços e as demais comeram três.

Resposta: a.

Como eram 2 *pizzas* e cada uma foi dividida em 10 pedaços, temos um total de $2 \times 10 = 20$ pedaços, isto é, 20 fatias foram comidas. Uma vez que todos comeram ao menos 1 pedaço e eram 7 pessoas, sobraram $20 - 7 = 13$ pedaços. Observe que, se uma pessoa comeu o resto, ela comeu mais três fatias. Suponha-se, então, que cada um comeu mais uma fatia; ainda sobrariam 6 pedaços, logo, alguém deve comer mais um ou o resto. De qualquer forma, alguém comeu pelo menos três pedaços.

3) Considere as proposições a seguir.

I. Josi é morena ou não é verdade que Josi é morena e Jorge é loiro.

II. O café não está quente ou o bolo não está delicioso se, e somente se, o café está quente e o bolo está delicioso.

Pode-se afirmar que:

a. ambas as proposições são tautologias.

b. ambas as proposições são contradições.

c. a proposição I é uma contradição e a II é uma tautologia.

d. a proposição I é uma tautologia e a II é uma contradição.

e. ambas as proposições não são tautologias.

Resposta: d.

Pode-se formalizar (I) por "M $\vee$ ~(M $\wedge$ L)" e (II) por "(~Q $\vee$ ~D) $\leftrightarrow$ (Q $\wedge$ D)", cujas tabelas-verdade são:

Tabela-verdade

Para (I)				
M	Q	D	~Q	~D
V	V	V	F	F
V	V	F	F	V
F	F	V	V	F
F	F	F	V	V

Para (II)		
~Q $\vee$ ~D	Q $\wedge$ D	(~Q $\vee$ ~D) $\leftrightarrow$ (Q $\wedge$ D)
F	V	F
V	F	F
V	F	F
V	F	F

Isso caracteriza (I) como uma tautologia e (II) como uma contradição.

4) Considere o anúncio a seguir.

"Todo governo democrata é para o povo e um governo que é para o povo é duradouro. Agora, nenhum governo é duradouro". Pode-se afirmar que:

a. o Brasil nunca teve um governo duradouro.

b. o Brasil nunca teve um governo trabalhista.

c. o Brasil nunca teve governo.

d. os governos não são democratas.

e. existem governos que não são para o povo.

Resposta: e.

Observe que o fato de nenhum governo ser duradouro influencia o fato de o governo ser feito para o povo – no caso de existir um governo que não será para o povo. O fato de ser democrata não é influenciado por essa informação.

5) Sejam os enunciados ditos por José:
   I. A cor azul é a mais bonita.
   II. O enunciado III é verdadeiro.
   III. Dentre as cores primárias, uma é a mais bonita.
   IV. As cores amarela e vermelha são as mais bonitas.
   V. A cor verde não é a mais bonita.
   VI. Somente uma das afirmações que fiz anteriormente é falsa.

   Sabendo que o enunciado VI é verdadeiro, pode-se concluir que o valor verdade (V, se verdadeiro; F, se falso) dos enunciados I a V é, respectivamente:
   a. V, V, V, V, F.
   b. V, V, V, F, V.
   c. V, V, F, V, V.
   d. V, F, V, V, V.
   e. F, V, V, V, V.

   Resposta: b.

   Como o enunciado VI é verdadeiro, tem-se apenas um enunciado falso. Pela análise do enunciado II, devem-se ter II e III como verdadeiros – caso contrário, VI seria falso. Por outro lado, como III é verdadeiro, IV deve ser falso – e, assim, os outros devem ser verdadeiros.

6) A empresa Estatix está realizando uma pesquisa nas escolas de certa região. As escolas terão avaliações favoráveis se as duas regras a seguir forem satisfeitas.

   Regra 1: Se a escola possui alguns professores estudiosos, a escola é recomendada.

   Regra 2: A escola será recomendada se o diretor for competente ou se a biblioteca for suficiente.

   Realizada a pesquisa na Escola XYZ, obtiveram-se as seguintes conclusões:
   - Os alunos não são estudiosos.
   - Os professores são estudiosos.
   - O diretor é competente.
   - A biblioteca é insuficiente.

   Baseando-se nos dados acima, pode-se concluir que a Escola XYZ:
   a. não terá avaliação favorável, pois a biblioteca é insuficiente.
   b. não terá avaliação favorável, pois os alunos não são estudiosos.
   c. terá avaliação favorável, pois o diretor não é competente.
   d. terá avaliação favorável, pois os professores são estudiosos e o diretor é competente.
   e. terá avaliação favorável, pois a biblioteca é suficiente.

Resposta: d.

A observância das regras leva à conclusão de que os professores são estudiosos, que a escola será recomendada, pela regra 1, e que o diretor é competente, pela regra 2.

7) Descobriu-se uma espécie de bactéria imortal que, a partir do momento de sua hospedagem e/ou existência, começa seu ciclo reprodutivo infinito e ininterrupto. Sabe-se que dois exemplares dessa espécie de bactéria geram seis exemplares em apenas 5 segundos, totalizando, assim, oito exemplares em 5 segundos. Com esses dados, se tivéssemos, agora, dez exemplares da referida bactéria, quantos exemplares teríamos daqui a 10 segundos?
   a. 420.
   b. 160.
   c. 120.
   d. 60.
   e. 40.

Resposta: b.

Dado que, para cada 2 bactérias, têm-se 8 em 5 segundos, nos primeiros 5 segundos teríamos 40 bactérias. Nos 5 segundos subsequentes, repete-se todo o ciclo. Assim, se de 2 geram-se 8, para as 40 tem-se $20 \times 8 = 160$.

8) O argumento que NÃO é válido é:
   a. O céu é azul e a terra é amarela. Logo, a terra é amarela.
   b. Manuel é rico. Todos os homens ricos são divertidos. Logo, Manuel é divertido.
   c. O céu é azul ou a grama é verde. Logo, a grama é verde.
   d. Dinheiro é tempo e tempo é dinheiro. Logo, dinheiro é tempo.
   e. O domingo é divertido e tudo é azul. Logo, tudo é azul.

Resposta: c.

Observe-se que, na alternativa "c", o elemento "ou" induz ao erro, ou seja, não é possível concluir que a grama é verde. As outras alternativas apresentam argumentos válidos: na alternativa "a", pode-se concluir tanto que o céu é azul quanto que a terra é amarela; na alternativa "b", do fato de que todos os homens ricos são divertidos conclui-se que Manuel é divertido; e nas alternativas "d" e "e" utiliza-se o mesmo raciocínio aplicado à alternativa "a".

9) Três amigos, Régis, Sílvio e Tiago, foram juntos a uma loja que vende camisetas, calças e bonés somente nas cores verde, vermelho e azul. Sabe-se que:
   - cada um deles comprou um boné, uma camiseta e uma calça;
   - cada uma das peças compradas (bonés, ou camisetas, ou calças) tem cor diferente;
   - todas as peças da mesma pessoa apresentam cores diferentes;

- Régis não comprou o boné vermelho, nem a calça azul;
- Sílvio comprou a camiseta azul;
- Tiago comprou o boné verde.

Considerando as proposições acima, é CORRETO afirmar que:

a. a calça do Tiago é azul.
b. a camiseta do Régis é vermelha.
c. a calça do Sílvio é vermelha.
d. a camiseta do Tiago é azul.
e. o boné do Sílvio é azul.

Resposta: a.

Baseado nas premissas dadas, pode-se construir a seguinte tabela, de modo a relacionar as peças de roupa com as pessoas citadas:

Peças de roupa × pessoas

Peças × pessoas	Régis	Sílvio	Tiago
Boné	Verde ou azul		Verde
Camiseta		Azul	
Calça	Verde ou vermelha		

Como "Tiago comprou o boné verde" e "Todos os bonés, camisetas e calças comprados por eles têm cores distintas", conclui-se que o boné de Régis é azul e, consequentemente, o de Sílvio é vermelho. Decorre que o boné de Sílvio é vermelho e sua camiseta é azul e, de "Todas as peças da mesma pessoa apresentam cores distintas", vem daí que sua calça será verde. Isso será representado na tabela a seguir:

Cores das peças × pessoas

Peças × pessoas	Régis	Sílvio	Tiago
Boné	Azul	Vermelho	Verde
Camiseta		Azul	
Calça	Verde ou vermelha	Verde	

Visto que "Todos os bonés, camisetas e calças comprados por eles têm cores distintas", conclui-se que a calça de Régis não é verde, já que esta pertence a Sílvio; logo, a calça de Régis é vermelha. Considerando-se a terceira proposição, segue que a camiseta de Régis é verde. Uma vez que a camiseta de Sílvio é azul, vem que a de Tiago é vermelha, devido à segunda proposição. Assim, como o boné de Tiago é verde e sua camiseta é vermelha, segue, pela terceira proposição, que a calça dele é azul. Observe a disposição final da tabela a seguir:

Cores das peças por pessoa

Peças × pessoas	Régis	Sílvio	Tiago
Boné	Azul	Vermelho	Verde
Camiseta	Verde	Azul	Vermelha
Calça	Vermelha	Verde	Azul

10) Dada a proposição composta "Não é verdade que se João estiver de férias ele não vai trabalhar; então, ele está de férias e trabalhando", pode-se afirmar que:

   a. é uma contradição.
   b. é uma tautologia.
   c. não é tautologia nem contradição.
   d. é equivalente a "se João está de férias, então ele não trabalha".
   e. é equivalente a "se João está de férias, então ele trabalha".

   Resposta: b.

   Pode-se formalizar a proposição como $\sim(P \to \sim Q) \to (P \wedge Q)$; observando-se a tabela-verdade a seguir, chega-se à caracterização de uma tautologia:

P	Q	~Q	P → ~Q	~(P → ~Q)	P ∧ Q	~(P → ~Q) → (P ∧ Q)
V	V	F	F	V	V	V
V	F	V	V	F	F	V
F	V	F	V	F	F	V
F	F	V	V	F	F	V

   Basta observar que P é falsa, pois uma das afirmações é falsa e tem-se um "se, e somente se"; Q é verdadeira, pois as duas afirmações são verdadeiras; por fim, R também é verdadeira, pois as duas afirmações a que se reporta são falsas.

11) Se P é a proposição "José fez a prova" e Q é a proposição "Pedro estudou", então a proposição composta "Não é verdade que se José não fez a prova então Pedro estudou" pode ser escrita na linguagem simbólica como:

   a. $\sim(\sim Q \wedge P)$.
   b. $\sim(\sim P \vee Q)$.
   c. $\sim(P \to Q)$.
   d. $\sim P \to Q$.
   e. $\sim P \wedge \sim Q$.

   Resposta: e.

   Observe que a proposição composta pode ser representada por $\sim(\sim P \to Q)$, que é equivalente a $\sim(P \vee Q)$, ou ainda, a $\sim P \wedge \sim Q$.

12) Sabendo que P e Q são proposições, o que NÃO se pode afirmar sobre a função valoração (v)?
   a. v (~P) = V se, e somente se, v (P) = F.
   b. v (P ∧ Q) = V se, e somente se, v (P) = v (Q) = V.
   c. v (P ∨ Q) = V se, e somente se, v (P) = V ou v (Q) = V.
   d. v (P → Q) = V se, e somente se, v (P) = F ou v (Q) = V.
   e. v (P ↔ Q) = V se, e somente se, v (P) = v (Q) = V.

   Resposta: e.

   Observe-se que todas as alternativas estão corretas, exceto a "e", cuja forma correta é "v (P ↔ Q) = V se, e somente se, v (P) = v (Q)".

13) Numa empresa, os funcionários Pedro, João, Antônio e Manoel trabalham como arquiteto, engenheiro, administrador e contador, não necessariamente nessa ordem.
   Além disso, sabe-se que:
   - o tempo de empresa do administrador é o dobro do tempo de empresa do contador;
   - o tempo de empresa do arquiteto é o dobro do tempo de empresa do administrador;
   - o tempo de empresa do engenheiro é o dobro do tempo de empresa do arquiteto;
   - Manoel começou a trabalhar na empresa exatamente três anos antes de Antônio;
   - Pedro é mais antigo que qualquer pessoa que trabalha na empresa há mais tempo que João;
   - o tempo de empresa de Pedro não é o dobro do tempo de empresa de João.

   Considerando o tempo de serviço de todos os quatro como números inteiros, uma das conclusões possíveis é que:
   a. Manoel é arquiteto, Antônio é contador, Pedro é engenheiro e João é administrador.
   b. Manoel é engenheiro, Antônio é contador, Pedro é arquiteto e João é administrador.
   c. Manoel é administrador, Antônio é contador, Pedro é engenheiro e João é arquiteto.
   d. Manoel é contador, Antônio é arquiteto, Pedro é administrador e João é engenheiro.
   e. Manoel é arquiteto, Antônio é engenheiro, Pedro é contador e João é administrador.

   Resposta: a.

   Das três primeiras afirmações, pode-se concluir, considerando que o contador trabalha há um período x na empresa, que:

   Profissionais × tempo de trabalho

Profissão	Há quanto tempo trabalha na empresa
Contador	x
Administrador	2x
Arquiteto	4x
Engenheiro	8x

Considerando as diferenças entre os tempos do trabalho na empresa, tem-se a tabela:

Diferença de tempo de trabalho entre os profissionais

Engenheiro – contador	$8x - x = 7x$
Engenheiro – administrador	$8x - 2x = 6x$
Engenheiro – arquiteto	$8x - 4x = 4x$
Arquiteto – contador	$4x - 4x = 3x$
Arquiteto – administrador	$4x - 2x = 2x$
Administrador – contador	$2x - x = x$

Analisando a tabela acima e a quarta afirmação, têm-se as seguintes possibilidades sobre as profissões de Manoel e de Antônio: Manoel pode ser o arquiteto e Antônio, o contador, ou Manoel pode ser o administrador e Antônio, o contador. De qualquer forma, Antônio é o contador.

Se Manoel é o arquiteto, $x = 1$; levando-se em consideração a terceira afirmação, tem-se:

Profissão × tempo de trabalho na empresa (parte 1)

Profissão	Há quanto tempo trabalha na empresa
Contador – Antônio	1
Administrador – João	2
Arquiteto – Manoel	4
Engenheiro – Pedro	8

Por outro lado, se Manoel é o administrador, $x = 3$, o que conduz a:

Profissão × tempo de trabalho na empresa (parte 2)

Profissão	Há quanto tempo trabalha na empresa
Contador – Antônio	3
Administrador – Manoel	6
Arquiteto	12
Engenheiro	24

Nesse caso, como Pedro é mais antigo na empresa que João (pela quinta afirmação) e como Pedro não pode ter o dobro de tempo de serviço de João (pela última afirmação), conclui-se que $x = 3$ não pode ser verdadeiro.

Questões para revisão

1) (ANPAD) Ordene as palavras a seguir: Neném (1) – Velho (2) – Adolescente (3) – Adulto (4). Assinale a alternativa que apresenta a sequência correta.
   a. 4 – 3 – 2 – 1.
   b. 1 – 3 – 4 – 2.
   c. 1 – 4 – 3 – 2.
   d. 1 – 2 – 3 – 4.
   e. 1 – 2 – 4 – 3.

2) "Brilhante" está para "obscuro" assim como "hesitação" está para:
   a. êxito.
   b. indecisão.
   c. dúvida.
   d. decisão.
   e. firmeza.

3) "Abaixar" está para "curvar" assim como "continuidade" está para:
   a. frequência.
   b. suspensão.
   c. intermitência.
   d. intervalo.
   e. interrupção.

4) Marque a alternativa que apresenta uma tautologia.
   a. Saulo é estudante ou dentista.
   b. Saulo não é estudante nem dentista.
   c. Se Saulo é estudante, então ele é estudante ou dentista.
   d. Saulo é estudante se e somente se ele é dentista.
   e. É falso que Saulo é estudante se e somente se ele é dentista.

5) Em nossos estudos de lógica matemática, verificamos que, a partir de proposições simples, com o uso de conectivos, podemos definir proposições compostas. Entre elas, conhecemos **tautologia** e **contradição**. Explique o que diferencia uma da outra.

6) Definimos *proposição* como um conjunto de palavras ou de símbolos que exprime um pensamento de sentido completo. Cite três diferentes situações em que **uma sentença não é uma proposição**.

7) Assinale a única proposição falsa:
   a. 3 é ímpar se e somente se 4 é par.
   b. Se 5 > 1, então 6 > 5.
   c. 3 é ímpar ou 2 é primo.
   d. Se 13 é par, então 9 é par.
   e. Se 4 é par, então 7 é par.

8) A afirmação "Alda é alta, ou Bino não é baixo, ou Ciro é calvo" é falsa. Segue-se, pois, que é verdade que:
   a. Se Bino é baixo, Alda é alta, e se Bino não é baixo, Ciro não é calvo.
   b. Se Alda é alta, Bino é baixo, e se Bino é baixo, Ciro é calvo.
   c. Se Alda é alta, Bino é baixo, e se Bino não é baixo, Ciro não é calvo.
   d. Se Bino não é baixo, Alda é alta, e se Bino é baixo, Ciro é calvo.
   e. Se Alda não é alta, Bino não é baixo, e se Ciro é calvo, Bino não é baixo.

9) Marque a alternativa que apresenta uma tautologia:
   a. Se hoje chove, então hoje choveu e fez calor.
   b. Se hoje fez calor, então hoje não choveu.
   c. Se hoje fez calor, então hoje fez calor e choveu.
   d. Se hoje fez calor, então hoje fez calor ou choveu.
   e. Se hoje não choveu, então não fez calor.

10) Chama-se *tautologia* toda proposição que é sempre verdadeira, independentemente da verdade dos termos que a compõem. Um exemplo de tautologia é:
    a. Se João é alto, então João é alto ou Guilherme é gordo.
    b. Se João é alto, então João é alto e Guilherme é gordo.
    c. Se João é alto ou Guilherme é gordo, então Guilherme é gordo.
    d. Se João é alto ou Guilherme é gordo, então João é alto e Guilherme é gordo.
    e. Se João é alto ou não é alto, então Guilherme é gordo.

11) Marque a alternativa que apresenta uma contradição:
    a. Eu não estudo, mas trabalho.
    b. Se eu estudo e trabalho, então eu estudo.
    c. Se eu não estudo e trabalho, então eu trabalho.
    d. Eu estudo, trabalho e não estudo.
    e. Eu não estudo.

Questões para reflexão

1) Um dos elementos relacionados a seguir não está de acordo com os demais do grupo:
   a. Pitomba.
   b. Maracujá.
   c. Abacate.
   d. Manga.

2) Entre os animais listados a seguir, qual deles pode ser considerado um intruso?
   a. Vaca.
   b. Leão.
   c. Hiena.
   d. Piranha.

3) "Amigo" está para "inimigo" assim como "alegria" está para:
   a. tristeza.
   b. risos.
   c. sonho.
   d. felicidade.

4) "Cabeça" está para "pé" assim como "teto" está para:
   a. janela.
   b. parede.
   c. chão.
   d. telhado.

5) Coloque as frutas na ordem correta: Jaca (1) – Cereja (2) – Laranja (3) – Abacate (4):
   a. 1, 4, 3, 2.
   b. 3, 2, 1, 4.
   c. 2, 1, 3, 4.
   d. 1, 2, 4, 3.

6) Em uma caixa, há várias bolas coloridas, sendo 6 amarelas, 3 verdes, 3 vermelhas, 4 brancas e 3 azuis. Retirando-se quatro bolas dessa caixa e sabendo-se que nenhuma delas é amarela, nem verde e nem vermelha, pode-se afirmar que:
   a. são todas da mesma cor.
   b. duas são brancas e duas são azuis.
   c. três são azuis e uma é branca.
   d. pelo menos uma é branca.
   e. pelo menos uma é azul.

7) Verifique se a proposição composta a seguir é uma tautologia, uma contradição ou uma contingência. Explique o porquê do resultado.

$[(p \to q) \vee (q \to p)] \vee (p \veebar q)$

8) Se 100 leões devoram 100 veados em 100 minutos, em quantos minutos um leão devora um veado?
   a. 1 minutos
   b. 10 minutos
   c. 100 minutos
   d. 1000 minutos
   e. impossível deduzir

9) (ANPAD – adaptada) – Considere as proposições a seguir:
P: $-3 > -2$ se, e somente se, $1 + 1 = 2$.
Q: 33 é um múltiplo de 3 se, e somente se, 3 divide 33.
R: Se $1/2 < 1/4$, então $4/5 > 11/12$.
Os valores lógicos (V, se verdadeiro; F, se falso) das proposições P, Q e R são, respectivamente:
   a. F, V, V.
   b. F, V, F.
   c. F, F, F.
   d. V, V, F.
   e. V, V, V.

10) (ANPAD) – Foi usada, para codificação, a frase "O Brasil é um grande campo de flores". Qual palavra está representada no código "0216031009150405", se o código "2404030304200105" representa a palavra "farrapos"?
   a. Ternuras.
   b. Carnudas.
   c. Permutas.
   d. Bermudas.
   e. Carinhas.

Para saber mais

Para que você se aprofunde no tema da lógica matemática e nos demais assuntos a ela relacionados, sugerimos a leitura dos livros a seguir. Além disso, há vídeos, artigos e apostilas que merecem ser vistos. Confira.

Livros

ALENCAR FILHO, E. de. **Iniciação à lógica matemática**. 18. ed. São Paulo: Livraria Nobel, 2000.

MATES, B. **Lógica matemática elementar**. Madrid: Tecnos, 1987.

MORTARI, C. A. **Introdução à lógica**. São Paulo: Ed. da Unesp, 2001.

SÉRATES, J. **Raciocínio lógico**: lógico matemático, lógico quantitativo, lógico numérico, lógico analítico, lógico crítico. 5. ed. Brasília: Olímpica, 1997. v. 1 e 2.

SOARES, E. **Fundamentos de lógica**: elementos de lógica formal e teoria da argumentação. São Paulo: Atlas, 2003.

Outros materiais

CAMPOS, W. **Apostila de raciocínio lógico**. Disponível em: <http://www.cursoagoraeupasso.com.br/material/Parte_01_RacLog_AEP_PF_Weber.PDF>. Acesso em: 3 maio 2016.

CANDAL, D. **Lógica matemática**: tautologias, contradições e contingências. Disponível em: <http://www.rafaeldiasribeiro.com.br/downloads/TAUTOLOGIASCONTRADICOESECONTINGENCIAS.pdf>. Acesso em: 3 maio 2016.

CASTRO, G. G. de. **Tabelas-verdade**. 2011. Disponível em: <http://www.mtm.ufsc.br/~gilles/ensino/2013-01/mtm5801/TabelasVerdade.pdf>. Acesso em: 3 maio 2016.

PADRÃO, A. A. Algumas noções de lógica. **Criticanarede.com**, 3 set. 2004. Disponível em: <http://criticanarede.com/log_nocoes.html>. Acesso em: 3 maio 2016.

PINHO, A. A. **Introdução à lógica matemática**. 1999. Disponível em: <ftp://ftp.ifes.edu.br/cursos/Matematica/Oscar/introducao_logica/Apostila%20de%20Logica.pdf>. Acesso em: 3 maio 2016.

QUIZ – Raciocínios lógicos e matemáticos. **Mundo Simples**, ago 2015. Disponível em: <http://www.mundosimples.com.br/quiz-exercicios-de-logica-volume1.htm>. Acesso em: 3 maio 2016.

RACIOCÍNIO lógico: tautologia, contradição e contingência – Aula n. 158. Disponível em: <https://www.youtube.com/watch?v=IVyTQNKS_MA>. Acesso em: 3 maio 2016.

SILVA, J. **Curso de raciocínio lógico completo**. Disponível em: <https://www.youtube.com/watch?v=V9XgIGKVMm0>. Acesso em: 3 maio 2016.

VIEIRA, M. Lógica matemática. **Guanabara.info**, 2009. Disponível em: <http://www.guanabara.info/2009/02/artigo-logica-matematica/>. Acesso em: 3 maio 2016.

Conteúdos do capítulo:
- Média aritmética.
- Mediana.
- Moda.
- Desvio médio.
- Variância.
- Desvio-padrão.

Após o estudo deste capítulo, você será capaz de:
1. realizar cálculos de média aritmética;
2. realizar cálculos de mediana;
3. realizar cálculos de moda;
4. realizar cálculos de desvio médio;
5. realizar cálculos de variância e de desvio-padrão.

2
Medidas de tendência central e medidas de dispersão

A estatística é fundamental para a tomada de decisões, pois oferece ferramentas importantes para essa finalidade, como as medidas de tendência central e as medidas de dispersão. Neste capítulo, trataremos dessas ferramentas e analisaremos exemplos que nos mostram como aplicar os conhecimentos adquiridos. Na Figura 2.1, temos a sequência em que os temas serão abordados.

Figura 2.1 – Sequência dos assuntos no estudo das medidas de tendência central e medidas de dispersão

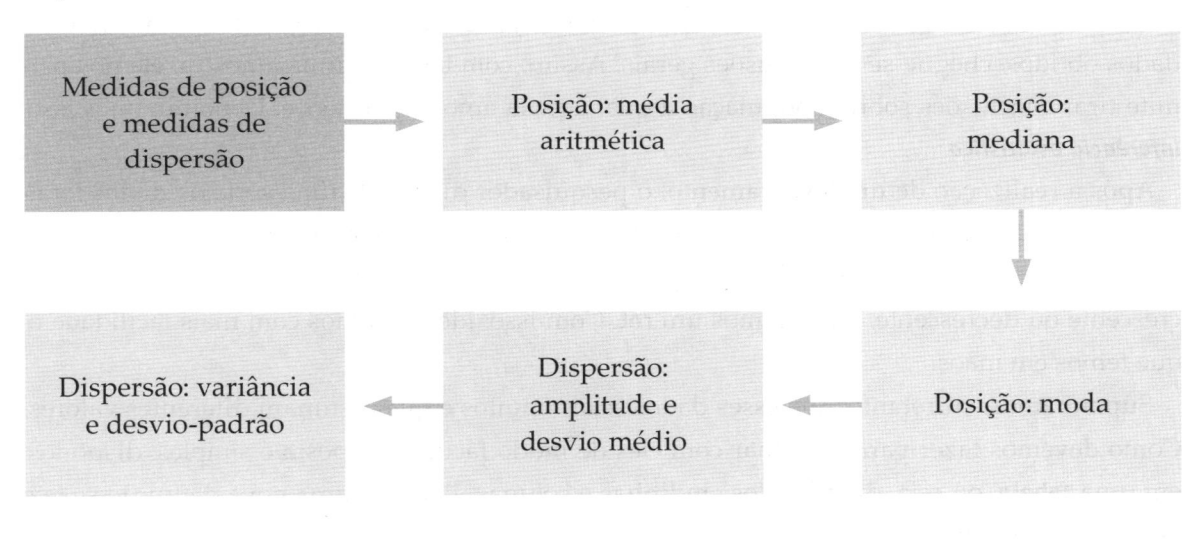

```
[Medidas de posição e medidas de dispersão] → [Posição: média aritmética] → [Posição: mediana]
                                                                                      ↓
[Dispersão: variância e desvio-padrão] ← [Dispersão: amplitude e desvio médio] ← [Posição: moda]
```

A **estatística** é a parte da matemática que coleta, analisa e interpreta dados numéricos para o estudo de fenômenos naturais, econômicos e sociais. Para o entendimento dela, precisamos inicialmente definir o que se entende por **população** e por **amostra**.

2.1 População e amostra

População, em estatística, é nosso objeto de estudo. Pode ser, por exemplo, que estejamos interessados em analisar coisas ou pessoas. Assim, se nosso objeto de estudo são árvores frutíferas, essa é nossa população. Mas nem sempre conseguimos acessar todos os elementos de determinada população. Seria impossível conhecer todas as árvores frutíferas do mundo, por isso é que se delimita a área de estudo para uma parte dessa população. Por exemplo: vamos estudar as árvores de frutas cítricas cultivadas no município de Picos, no Estado do Piauí. Essa é nossa **amostra**. Resumidamente, *amostra* é uma parte da população que está sendo objeto de estudo.

Outro exemplo muito comum é a pesquisa para identificar a intenção de voto dos eleitores nos candidatos a presidente da República. Como é impossível conhecer a opinião de toda a população, faz-se tal levantamento com parte dela, ou seja, com uma amostra desse grupo.

2.2 Estatística descritiva e estatística indutiva

A estatística se divide em **estatística descritiva** e **estatística indutiva**. A descritiva (ou *dedutiva*) tem o objetivo de descrever e analisar os dados de determinada população ou de uma amostra dela, os quais são obtidos por meio de questionários, entrevistas e medições. A indutiva (ou *inferência estatística*), por sua vez, preocupa-se com o raciocínio necessário para que, usando os dados obtidos, chegue-se a conclusões gerais. Assim, com base em uma amostra, ela nos permite tirar conclusões sobre a população à qual aquela amostra pertence. Denominamos isso **inferência estatística**.

Após a realização de um levantamento, o pesquisador dispõe de uma série de dados totalmente desordenados – os chamados **dados brutos**. Normalmente, esses dados não nos permitem visualizar facilmente o resultado da pesquisa; assim, devemos colocá-los em ordem numérica, crescente ou decrescente, para termos um **rol**. Com isso, identificamos com mais facilidade o que temos em mãos.

Suponhamos, entretanto, que esses dados sejam muitos e que assumam diferentes valores. Como devemos fazer para trabalhar com eles de modo fácil? A resposta é simples: dispô-los em uma **tabela**, ou seja, distribuí-los em linhas e colunas. Para tal, uma nova definição se faz necessária: a **frequência**.

2.3 Frequência absoluta

Frequência (ou *frequência absoluta*) é o número de vezes que cada resultado ocorreu durante uma pesquisa. Nós a representaremos pela letra **f**.

Ao construirmos uma tabela na qual mostramos em cada linha o valor do dado em uma coluna e o número de vezes de sua ocorrência em outra, estamos construindo uma **distribuição de frequências**. Como exemplo, vejamos na Tabela 2.1 a representação de um grupo de 30 pessoas e suas respectivas idades (a variável x).

Tabela 2.1 – Idades de um grupo de pessoas

Idade (x)	Frequência (f)
18	3
19	4
20	7
21	8
22	4
23	4

Fonte: Dados obtidos em uma turma do 2º ano de Administração do Centro Universitário Uninter.

Analisando a coluna da frequência, observamos que, no grupo de pessoas pesquisado, três têm 18 anos de idade, por isso representamos por f = 3; há 8 pessoas com 21 anos, daí f = 8; e assim por diante.

Imaginemos agora que 35 alunos realizaram uma prova de Estatística e tiraram as seguintes notas, dispostas em ordem crescente:

2 – 3 – 3 – 3 – 4 – 4 – 4 – 4 – 5 – 5 – 5 – 5 – 6 – 6 – 6 – 6 – 6 – 6 – 6 – 7 – 7 – 7 – 7 – 7 – 7 – 8 – 8 – 8 – 8 – 9 – 9 – 9 – 9 – 10 – 10.

Vamos, então, representar esses resultados na Tabela 2.2.

Tabela 2.2 – Notas obtidas em uma prova de Estatística

Notas (x)	Frequência (f)
2	1
3	3
4	4
5	4
6	7
7	6
8	4
9	4
10	2
$\sum$	35

Nesse exemplo, a frequência absoluta da nota 5 é igual a 4, isto é, quatro pessoas tiraram nota 5, e a frequência total é igual a 35.

2.4 Método estatístico

A estatística descritiva nos permite fazer um estudo completo e detalhado sobre determinada população ou uma amostra dela. Para tal, devemos obedecer a oito fases denominadas *método estatístico*. A primeira consiste em **definir o problema**, ou seja, deixar claro **o que** vai ser pesquisado. A segunda é delimitá-lo, ou seja, identificar **onde** se pretende realizar a pesquisa para a obtenção dos dados e, consequentemente, com que tipo de coisas (ou pessoas). Uma vez sabidos o que e onde realizaremos o levantamento, a terceira fase consiste em definir **como** se procederá para a realização da pesquisa: faremos simples observações? Distribuiremos um questionário? Aplicaremos entrevistas?

Estamos, então, prontos para a quarta fase, a da coleta (obtenção) dos dados, os quais serão a seguir tabulados/organizados – essa é a quinta etapa, chamada de *apuração dos dados*. Na sequência, a sexta fase é a apresentação deles em forma de tabela ou de gráfico. Como nenhuma pesquisa é feita por acaso, cabe agora a quem a solicitou analisar os dados obtidos. Essa é a sétima fase, na qual é realizado o **cálculo de medidas**. A oitava e última consiste na **interpretação dos dados** examinados, pois temos em mãos as tabelas (ou gráficos) e os resultados das medições feitas.

2.4.1 Tabela

Voltemos à Tabela 2.1, que é uma apresentação dos dados obtidos em uma pesquisa sobre a idade de um grupo de pessoas. Observemos que ela é constituída por três partes:

1. cabeçalho, que a identifica;
2. corpo, com os dados distribuídos em linhas e colunas;
3. rodapé, que mostra a fonte dos dados.

Mas suponhamos que, em vez de seis valores para a variável x, tivéssemos obtido 60. Nesse caso, como proceder à montagem da tabela? Quando o número de linhas é grande (20 ou mais), costumamos agrupar os valores obtidos na pesquisa em intervalos (ou classes), de tal forma que todas as classes tenham a mesma amplitude (o mesmo tamanho). Nesse caso, alguns conceitos novos surgem, e precisamos conhecê-los:

a) limite inferior de um intervalo (ou classe);
b) limite superior de uma classe;
c) amplitude de uma classe;
d) ponto médio de um intervalo;
e) intervalo aberto;
f) intervalo fechado.

Para que você os entenda bem, vamos representar uma distribuição de frequências (Tabela 2.3) com os resultados de uma prova realizada por 80 pessoas, cujas notas variaram de 0 a 10 em intervalos de 1 ponto. Observe que **frequência** é o número de vezes que um resultado se repete. Representaremos a frequência por **f**.

Tabela 2.3 – Resultados da prova de Estatística Aplicada

Notas (x)	Frequência (f)
0 ⊢— 1	4
1 ⊢— 2	8
2 ⊢— 3	10
3 ⊢— 4	12
4 ⊢— 5	12
5 ⊢— 6	14
6 ⊢— 7	10
7 ⊢— 8	5
8 ⊢— 9	3
9 ⊢—⊣ 10	2

Observe que todo intervalo tem um **limite inferior** (à esquerda) e um **limite superior** (à direita). Também, todo intervalo tem a mesma amplitude. Para saber o tamanho da amplitude, basta subtrair o limite superior do limite inferior de um intervalo qualquer. No exemplo, cada intervalo tem **amplitude** igual a 1.

O primeiro intervalo tem como limite inferior zero e como limite superior 1; o segundo intervalo tem como limite inferior 1 e como limite superior 2. Como saber em qual desses intervalos se enquadra uma pessoa que tenha tirado 1 na prova?

Como cada resultado só pode ser atribuído a um intervalo, definiremos intervalo aberto e intervalo fechado. Quando um intervalo é aberto à esquerda ou à direta ou dos dois lados, isso significa dizer que os valores-limite correspondentes não pertencem ao intervalo. Analogamente, se um intervalo é fechado à esquerda ou à direita ou dos dois lados, isso significa dizer que os valores-limite correspondentes pertencem a ele.

Na Tabela 2.3, o primeiro intervalo é assim representado:

0 ⊢— 1

Essa representação nos indica que zero, que é o limite inferior, pertence ao intervalo, mas 1, que é o limite superior, não pertence a ele. Dizemos que esse intervalo é fechado à esquerda e aberto à direita. Portanto, quem tirou 1 está no segundo intervalo. Observe na Tabela 2.3 que o décimo intervalo, de 9 a 10, é fechado tanto à esquerda quanto à direita, pois algum aluno poderá tirar 10.

Vamos agora analisar o sexto intervalo, cujo limite inferior é 5 e superior é 6, no qual temos 14 pessoas. De que modo descobrir quanto cada uma delas tirou na prova? Não há como. Sabemos, entretanto, que as notas variam de 5 a 5,99, ou seja, quem tirou 6 faz parte do intervalo seguinte, pois este é aberto à direita.

Se não sabemos exatamente quanto cada um dos alunos tirou na prova, que valor utilizar para o cálculo da média da turma, por exemplo? Quando os dados são agrupados em intervalos (ou classes), supõe-se que todas as pessoas desse intervalo tenham obtido a mesma nota. Qual? O **ponto médio** do intervalo. E como identificá-lo? Calcula-se a **média aritmética** dos dois valores-limite do intervalo, sem levar em conta se ele é aberto ou fechado. Em nosso exemplo, o ponto médio do sexto intervalo é 5,5 porque esse valor é a média aritmética entre 5 e 6.

É bem verdade que introduzimos aqui um conceito ainda não estudado por nós: a média aritmética. Como calcular a média aritmética entre dois valores? Basta somá-los e dividir o resultado por 2.

2.4.2 Frequência acumulada

Verificamos que no sexto intervalo da Tabela 2.3 temos f = 14, ou seja, o resultado 5,5 ocorreu 14 vezes. Vamos agora apresentar um novo conceito: **frequência acumulada**, que representaremos por **fa**. Você sabe como obtê-la? Observe que, para o primeiro intervalo, tivemos 4 pessoas (f = 4) com notas entre 0 e 1. Somando-se a elas as 8 (f = 8) que obtiveram notas entre 1 e 2 (segundo intervalo), já acumulamos 12 pessoas; e assim por diante. Verifique que a frequência acumulada total é igual a 80, conforme ilustra a Tabela 2.4.

Tabela 2.4 – Resultados da prova de Estatística Aplicada com frequência acumulada

Notas (x)	Frequência (f)	Frequência acumulada (fa)
0 ⊢— 1	4	4
1 ⊢— 2	8	12
2 ⊢— 3	10	22
3 ⊢— 4	12	34
4 ⊢— 5	12	46
5 ⊢— 6	14	60
6 ⊢— 7	10	70
7 ⊢— 8	5	75
8 ⊢— 9	3	78
9 ⊢—⊣ 10	2	80

2.5 Séries estatísticas

Vamos agora falar um pouco sobre **séries estatísticas**. O que é isso? Uma série estatística nada mais é que uma **tabela** à qual é associado um critério que a especifica. Temos:

  a) **Série temporal**: aquela cujo critério que a especifica é o tempo.
  b) **Série geográfica**: aquela cujo critério que a especifica é o local.
  c) **Série específica**: aquela cujo critério que a especifica é o fato (o fenômeno em observação).
  d) **Série mista**: aquela na qual temos dois ou três critérios (entre tempo, local e fato) simultaneamente presentes.

Uma série estatística resume perfeitamente os resultados de uma pesquisa, qualquer que tenha sido o critério adotado. Mas há pessoas que preferem visualizá-los em um **gráfico**. Assim, é comum utilizarmos os dados de uma tabela para construir o gráfico correspondente.

Que tipo de gráfico utilizar? Isso é você quem decide. Utilize o de sua preferência entre aqueles que consegue construir com facilidade, recorrendo às ferramentas do *software* instalado em seu computador. Os mais comuns são o de setores (conhecido como *pizza*), o de colunas e o de barras. Há, ainda, o chamado **histograma**, construído com base em um gráfico de colunas. Para exemplificar, vamos representar os dados da Tabela 2.3 em um gráfico de colunas. Confira a seguir o Gráfico 2.1.

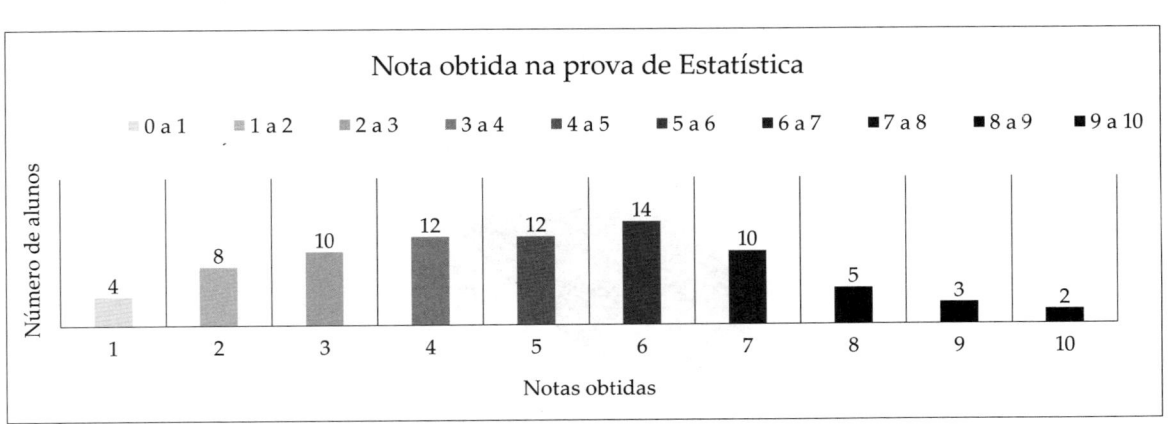

Gráfico 2.1 – Exemplo de gráfico de colunas

Nota obtida na prova de Estatística

Nota	1	2	3	4	5	6	7	8	9	10
Número de alunos	4	8	10	12	12	14	10	5	3	2

Observe, no Gráfico 2.1, que quatro pessoas tiraram nota 1, oito tiraram nota 2, dez tiraram nota 3, e assim por diante.

Os mesmos dados, representados em um gráfico de barras, estão mostrados a seguir.

Gráfico 2.2 – Exemplo de gráfico de barras

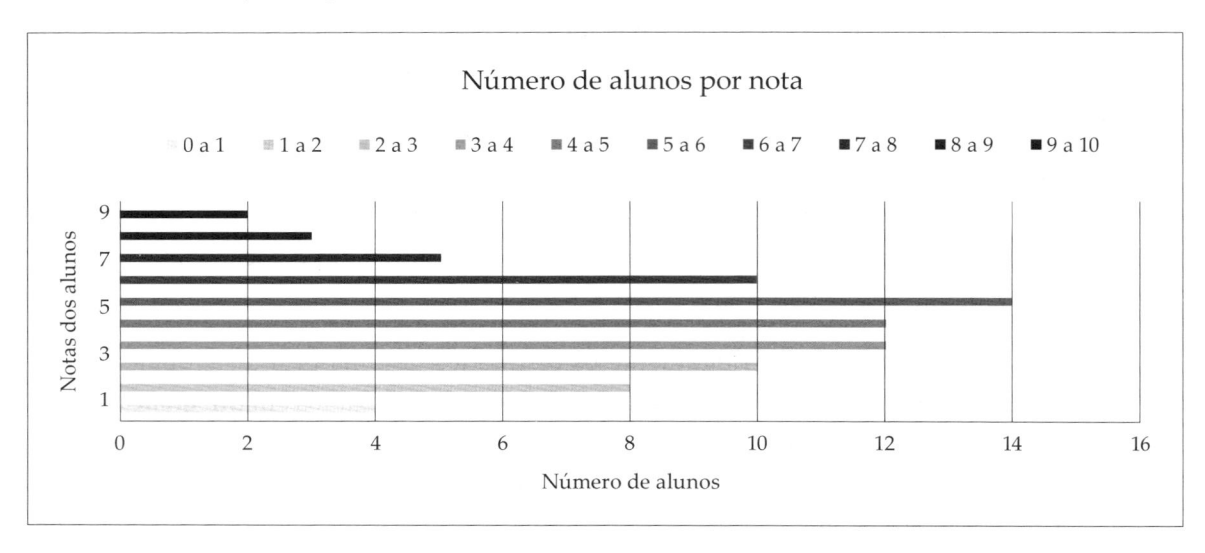

Número de alunos por nota

Observe, no Gráfico 2.2, que quatro alunos tiraram nota 1, oito tiraram 2, dez tiraram nota 3, e assim por diante.

Finalmente, representamos esses dados em um gráfico de setores, aquele em formato de *pizza*. É o que ilustra o Gráfico 2.3.

Gráfico 2.3 – Exemplo de gráfico de setores (*pizza*)

Observe, no Gráfico 2.3, que quatro alunos tiraram nota 1, oito tiraram nota 2, dez tiraram nota 3, e assim por diante.

2.6 Problematização

A estatística nos fornece ferramentas para a tomada de decisão. Ao obtermos os dados em uma pesquisa, podemos determinar a média, a mediana e a moda deles (as chamadas *medidas de posição*). Você está preparado para distinguir uma medida da outra? Saberia quando se deve utilizar a média ou a mediana dos resultados?

Outras medidas são igualmente importantes, como o desvio médio, os quartis, os centis e os percentis.

Uma vez calculadas as medidas de posição e o desvio médio, pode-se chegar às medidas de dispersão, com especial atenção ao desvio-padrão. Você conhece as aplicações do desvio-padrão? Como tomar uma decisão com base nos valores encontrados para a média, a mediana e o desvio-padrão?

2.7 Medidas de tendência central ou de posição

Para nos aprofundarmos um pouco mais na análise dos dados obtidos em uma pesquisa, precisamos efetuar cálculos de algumas medidas. Inicialmente, estudaremos as chamadas **medidas de posição**, também conhecidas como **medidas de tendência central**. Assim, veremos as médias aritmética, simples e ponderada, a mediana e a moda. Esse estudo levará em conta dados isolados e dados agrupados em intervalos de valores.

2.7.1 Média aritmética

A primeira medida de posição que abordaremos é a média aritmética (ou simplesmente *média*), que representaremos por $\overline{X}$. Mencionamos, no final da Seção 2.4.1, que a média aritmética de dois valores é obtida somando-se os dois e dividindo o resultado por 2. É realmente simples. Genericamente, se queremos calcular a média aritmética de n valores, somamos todos eles e dividimos o resultado da soma por n.

$\overline{X} = \sum X / n$

O símbolo $\sum$ representa o somatório.

Suponhamos, como exemplo, que desejamos conhecer a média das idades de cinco pessoas que têm 22, 25, 21, 28 e 24 anos. Para chegarmos ao resultado, somamos esses 5 valores e dividimos o resultado por 5. Assim, temos:

$\overline{X} = (22 + 25 + 21 + 28 + 24) / 5$
$\overline{X} = 120 / 5$
$\overline{X} = 24$ anos de idade, em média

2.7.2 Média aritmética ponderada

E quando os dados estão agrupados, como calcular a média aritmética? Nesse caso, trata-se de uma média aritmética ponderada, em que cada valor da variável X deverá ser multiplicado pela respectiva frequência de ocorrência. Suponhamos, como exemplo, que em um teste de português realizado por 30 pessoas tenhamos obtido os resultados da Tabela 2.5.

Tabela 2.5 – Resultados obtidos em um teste de português

Resultado (X_i)	Quantidade de pessoas (f_i)
5	5
6	5
7	8
8	6
9	6

Qual foi a média dos resultados? Para descobrir o resultado deveremos utilizar a seguinte fórmula:

$$\overline{X} = \sum(X_i \cdot f_i) / n$$

Em que i varia de 1 a n.

Assim, temos:

$\overline{X} = (5 \cdot 5 + 6 \cdot 5 + 7 \cdot 8 + 8 \cdot 6 + 9 \cdot 6) / 30$
$\overline{X} = 213 / 30$
$\overline{X} = 7,1$

E quando os dados estão agrupados em intervalos? De que maneira podemos saber a média aritmética? O cálculo é semelhante ao anterior. Entretanto, é preciso lembrar que devemos utilizar o valor médio de cada intervalo (ou classe). Por exemplo: suponhamos que, no exemplo anterior, os resultados tivessem sido fornecidos em intervalos, como mostrado na Tabela 2.6.

Tabela 2.6 – Resultados obtidos em um teste de Português, por faixa de nota

Resultado (X_i)	Quantidade de pessoas (f_i)
5 ⊢— 6	5
6 ⊢— 7	5
7 ⊢— 8	8
8 ⊢— 9	6
9 ⊢— 10	6

$\overline{X} = \sum(X_i \cdot f_i) / n$
em que X_i é o ponto médio do intervalo
$\overline{X} = (5,5 \cdot 5 + 6,5 \cdot 5 + 7,5 \cdot 8 + 8,5 \cdot 6 + 9,5 \cdot 6) / 30$
$\overline{X} = 228 / 30$
$\overline{X} = 7,6$

2.7.3 Mediana

Mediana, por definição, é o valor que ocupa a posição central dos dados obtidos em uma pesquisa. Vale lembrar que, para identificar esse ponto central, é necessário colocar os dados em ordem crescente ou decrescente, ou seja, no formato de um rol. Vamos representar a mediana por **Md**.

Por exemplo: temos como resultado de uma pesquisa qualquer os valores: 1 – 8 – 6 – 6 – 4 – 3 – 4 – 5 – 3 – 9 – 6; vamos, então, colocá-los em ordem crescente: 1 – 3 – 3 – 4 – 4 – **5** – 6 – 6 – 6 – 8 – 9. Como temos 11 resultados, a mediana é o 5, valor que ocupa a posição central do rol.

Mas vem imediatamente uma pergunta: E se tivermos um número par de valores, qual valor estará no meio? Nesse caso, a mediana será igual à média aritmética dos dois valores centrais do rol.

Por exemplo: temos como resultado de uma pesquisa qualquer os valores: 1 – 8 – 6 – 6 – 4 – 3 – 4 – 5 – 3 – 9 – 6 – 9; vamos, então, dispô-los em ordem crescente: 1 – 3 – 3 – 4 – 4 – **5** – **6** – 6 – 6 – 8 – 9 – 9. Como temos 12 resultados, a mediana será a média aritmética entre os dois valores centrais, ou seja, o 5 e o 6. Temos que: Md = 5,5.

E quando os dados estão agrupados em intervalos? Como calcular a mediana? Para esse cálculo, precisaremos utilizar a seguinte fórmula:

$$Md = Li + \frac{(n/2 - \sum f_{ant})}{f_{Md}} \cdot A$$

Em que:
- Li = limite inferior da classe que contém a mediana;
- n = tamanho da amostra ou da população pesquisada;
- $\sum f_{ant}$ = somatório das frequências das classes anteriores àquela que contém a mediana;
- f_{Md} = frequência da classe que contém a mediana;
- A = amplitude do intervalo que contém a mediana.

É importante lembrar que o intervalo que contém a mediana é aquele no qual está o valor central dos dados quando estes foram colocados em forma de um rol.

Para você não ter dúvidas quanto à utilização dessa fórmula, vamos, a título de exemplo, calcular a mediana dos resultados utilizados na Tabela 2.6, que reproduzimos novamente a seguir para facilitar a compreensão do raciocínio.

Resultado (X_i)	Quantidade de pessoas (f_i)
5 ⊢— 6	5
6 ⊢— 7	5
7 ⊢— 8	8
8 ⊢— 9	6
9 ⊢— 10	6

Primeiramente, observe que os resultados já estão em ordem numérica crescente. Se temos 30 resultados, o resultado que está no meio pertence ao terceiro intervalo, pois são 5 (do 1º ao 5º) resultados no primeiro intervalo, mais 5 (do 6º ao 10º) resultados no segundo e mais 8 (do 11º ao 18º) no terceiro. Substituindo os valores na fórmula anterior, temos:

$$Md = 7 + \frac{(30/2 - 10)}{8} \cdot 1$$

$$Md = 7 + \frac{5}{8}$$

$$Md = 7{,}625$$

Arredondando esse resultado, com uma casa após a vírgula, temos que Md = 7,6.

2.7.4 Moda

Em nosso dia a dia, percebemos que algo está na moda porque o vemos com muita frequência. Semelhantemente, na estatística, definimos *moda* como aquele valor que aparece com a maior frequência no resultado de uma pesquisa. Vamos representá-la por **Mo**.

Assim como procedemos para determinar a mediana, para saber qual é a moda de um conjunto de valores, precisamos primeiramente colocá-los em ordem numérica crescente ou decrescente.

Por exemplo: temos como resultado de uma pesquisa qualquer os valores: 1 – 8 – 6 – 6 – 4 – 3 – 4 – 5 – 3 – 9 – 6 – 9; vamos, então, dispô-los em ordem crescente: 1 – 3 – 3 – 4 – 4 – **5** – 6 – 6 – 6 – 8 – 9 – 9. Observamos, com certa facilidade, que o resultado que ocorreu com a maior frequência foi o 6. Então, Mo = 6.

Já havíamos calculado a mediana desses mesmos valores e havíamos encontrado Md = 5,5. Se calcularmos a média desses 12 valores, veremos que X = 5,33.

Observe que esses valores (X = 5,33, Md = 5,5 e Mo = 6) estão próximos e se encontram no meio dos resultados quando colocados na forma de um rol (em ordem crescente ou decrescente). Por essa razão, essas medidas são conhecidas como *tendência central*.

E quando os dados estão agrupados em intervalos? Como calcular a moda? Para isso, precisaremos utilizar a seguinte fórmula:

$$Mo = Li + \frac{f_{post}}{f_{ant} + f_{post}} \cdot A$$

Em que:
- Li = limite inferior da classe que contém a moda;
- f_{ant} = frequência do intervalo anterior ao que contém a moda;
- f_{post} = frequência do intervalo posterior ao que contém a moda;
- A = amplitude do intervalo que contém a moda.

Nunca é demais lembrar que o intervalo que contém a moda é o de maior frequência.

Para que não haja dúvidas quanto à utilização dessa fórmula, que tal um exemplo? Vamos calcular a moda dos resultados na Tabela 2.6, a seguir novamente reproduzida para tornar mais fácil acompanhar o raciocínio.

Resultado (X_i)	Quantidade de pessoas (f_i)
5 ⊢— 6	5
6 ⊢— 7	5
7 ⊢— 8	8
8 ⊢— 9	6
9 ⊢— 10	6

Primeiramente, observe que os resultados já estão em ordem numérica crescente. Como a moda é o resultado que acontece com a maior frequência, sabemos que ela está no terceiro intervalo por ser este o que tem a maior frequência (no caso, f = 8). Substituindo os valores na fórmula anterior, temos:

$$Mo = 7 + \frac{6}{5+6} \cdot 1$$
$$Mo = 7 + 0,545$$
$$Mo = 7,545$$

Arredondando com uma casa após a vírgula, temos que Mo = 7,5.

Novamente, observamos que os resultados da média (7,5), da mediana (7,6) e da moda (7,5) estão próximos e se encontram no meio dos resultados da pesquisa.

Exercícios resolvidos

1) (Enem, 2011) A participação dos estudantes na Olimpíada Brasileira de Matemática das Escolas Públicas (OBMEP) aumenta a cada ano. O quadro indica o percentual de medalhistas de ouro, por região, nas edições de 2005 a 2009:

Região	2005	2006	2007	2008	2009
Norte	2%	2%	1%	2%	1%
Nordeste	18%	19%	21%	15%	19%
Centro-Oeste	5%	6%	7%	8%	9%
Sudeste	55%	61%	58%	66%	60%
Sul	21%	12%	13%	9%	11%

Fonte: Adaptado de OBMEP, 2010.

Em relação às edições de 2005 a 2009 da OBMEP, qual é o percentual médio de medalhistas de ouro da Região Nordeste?

a. 14,6%.

b. 18,2%.
c. 18,4%.
d. 19,0%.
e. 21,0%.

Resposta: c.

$$\overline{X} = \frac{18+19+21+15+19}{5}$$

$$\overline{X} = \frac{92}{5}$$

$$\overline{X} = 18,4\ \%$$

2) (Enem, 2011) Uma equipe de especialistas do centro meteorológico de uma cidade mediu a temperatura do ambiente, sempre no mesmo horário, durante 15 dias intercalados, a partir do primeiro dia de um mês. Esse tipo de procedimento é frequente, uma vez que os dados coletados servem de referência para estudos e verificação de tendências climáticas ao longo dos meses e anos. As medições ocorridas nesse período estão indicadas no quadro:

Dia do Mês	Temperatura °C
1	15,5
3	14
5	13,5
7	18
9	19,5
11	20
13	13,5
15	13,5
17	18
19	20
21	18,5
23	13,5
25	21,5
27	20
29	16

Fonte: Inep, 2011.

Em relação à temperatura, os valores da média, mediana e moda são, respectivamente, iguais a:

a. 17 °C, 17 °C e 13,5 °C.
b. 17 °C, 18 °C e 13,5 °C.
c. 17 °C, 13,5 °C e 18 °C.
d. 17 °C, 18 °C e 21,5 °C.
e. 17 °C, 13,5 °C e 21,5 °C.

Resposta: b.

$$\overline{X} = \frac{15,5 + 14 + 13,5 + 18 + 19,5 + 20 + 13,5 + 13,5 + 18 + 20 + 18,5 + 13,5 + 21,5 + 20 + 16}{15}$$

$$\overline{X} = \frac{255}{15}$$

$$\overline{X} = 17\ °C$$

Para o cálculo da mediana, vamos colocar os dados em ordem numérica:

13,5 – 13,5 – 13,5 – 13,5 – 14 – 15,5 – **18** – 18 – 18,5 – 19,5 – 20 – 20 – 20 – 21,5

Md = 18 °C

Para a determinação da moda, basta verificar o dado que ocorreu com a maior frequência.

Mo = 13,5 °C

3) (Enem, 2009) Suponha que a etapa final de uma gincana escolar consista em um desafio de conhecimentos. Cada equipe escolheria 10 alunos para realizar uma prova objetiva, e a pontuação da equipe seria dada pela mediana das notas obtidas pelos alunos. As provas valiam, no máximo, 10 pontos cada. Ao final, a vencedora foi a equipe Ômega, com 7,8 pontos, seguida pela equipe Delta, com 7,6 pontos. Um dos alunos da equipe Gama, a qual ficou na terceira e última colocação, não pôde comparecer, tendo recebido nota zero na prova. As notas obtidas pelos 10 alunos da equipe Gama foram 10; 6,5; 8; 10; 7; 6,5; 7; 8; 6; 0.

Se o aluno da equipe Gama que faltou tivesse comparecido, essa equipe:
a. teria a pontuação igual a 6,5 se ele obtivesse nota 0.
b. seria a vencedora se ele obtivesse nota 10.
c. seria a segunda colocada se ele obtivesse nota 8.
d. permaneceria na terceira posição, independentemente da nota obtida pelo aluno.
e. empataria com a equipe Ômega na primeira colocação se o aluno obtivesse nota 9.

Resposta: d.

Como se trata de mediana, é necessário colocar os ddos em ordem numérica:

6 – 6,5 – 6,5 – 7 – 7 – 8 – 8 – 10 – 10

A melhor nota que o aluno que faltou poderia tirar é 10. Nesse caso, a mediana seria a média aritmética entre os dois valores centrais, que são 7 e 8. Logo, Md = 7,5.

Se tirasse 0, a mediana seria 7.

Se tirasse 8, a mediana seria 7,5.

Se tirasse 9, a mediana seria 7,5.

4) (UFU-MG, 2006) Uma empresa seleciona 16 funcionários fumantes e promove um ciclo de palestras com os mesmos para esclarecimentos sobre os efeitos prejudiciais do cigarro à saúde. Após essas palestras, são coletados dados sobre a quantidade de cigarros que cada um desses fumantes está consumindo diariamente. Tais dados são expressos da seguinte maneira:

10, 1, 10, 11, 13, 10, 34, 13, 13, 12, 12, 11, 13, 11, 12, 12

Os dados 1 e 34 são chamados discrepantes, pois são dados muito menores ou muito maiores que a maioria dos dados obtidos. Segundo esta coleta de dados, pode-se afirmar que:
a. os cálculos da média, da mediana e da moda não sofrem influência dos dados discrepantes.
b. o cálculo da mediana sofre influência dos dados discrepantes que surgiram.
c. o cálculo da moda sofre influência dos dados discrepantes que surgiram.
d. o cálculo da média sofre influência dos dados discrepantes que surgiram.

Resposta: d.

A média com os dados discrepantes é 12,38 e sem os dados discrepantes é 11,64.

5) (FGV, 2008) Sejam os números 7, 8, 3, 5, 9 e 5 seis números de uma lista de nove números inteiros. O maior valor possível para a mediana dos nove números da lista é:
a. 5.
b. 6.
c. 7.
d. 8.
e. 9.

Resposta: d.

Colocando os números em ordem numérica, temos:
3 – 5 – 5 – 7 – 8 – 9.
Se os três números forem iguais ou maiores que 9, o valor que estará no meio é o 8.
Se os três números forem menores que 3, o número que estará no meio é o 5.

6) (Fuvest, 1998) Sabe-se que a média aritmética de 5 números inteiros distintos, estritamente positivos, é 16. O maior valor que um desses inteiros pode assumir é:
a. 16.
b. 20.
c. 50.
d. 70.
e. 100.

Resposta: d.

Se a média de 5 números é 16, o somatório desses 5 números é 80.

Se os números são distintos, o maior é 70 e os outros quatro são 1 – 2 – 3 – 4.

7) (Puccamp, 2005) A tabela abaixo mostra os resultados de uma pesquisa sobre a faixa salarial dos funcionários de uma empresa que usam bicicleta para ir ao trabalho.

Faixa salarial em reais	Número de funcionários
350 ⊢—— 450	380
450 ⊢—— 550	260
550 ⊢—— 650	200
650 ⊢—— 750	180
750 ⊢—— 850	120
850 ⊢—— 950	60
Total	1.200

Fonte: PUCCAMP, 2005.

O salário médio desses trabalhadores é:

a. R$ 400,00.
b. R$ 425,00.
c. R$ 480,00.
d. R$ 521,00.
e. R$ 565,00.

Resposta: e.

Para o cálculo da média de dados que estão agrupados em intervalos, vamos considerar o ponto médio de cada intervalo e multiplicá-lo pela respectiva frequência de ocorrência.

Assim, temos:

$$\overline{X} = \frac{400 \cdot 380 + 500 \cdot 260 + 600 \cdot 200 + 700 \cdot 180 + 800 \cdot 120 + 900 \cdot 60}{1.200}$$

$$\overline{X} = \frac{678.000}{1.200}$$

$$\overline{X} = 565,00$$

2.8 Medidas de dispersão: amplitude, desvio médio, variância e desvio-padrão

Quando temos os resultados de uma pesquisa e, com base neles, determinamos a média, a mediana e a moda, nem sempre esses resultados são suficientes para a tomada de uma importante decisão. Assim, para complementar essas medidas de tendência central, temos as **medidas de dispersão**, também conhecidas como *medidas de afastamento*. Por que são assim chamadas? Porque nos permitem verificar quanto cada resultado, isoladamente, está afastado da média ou da mediana dos resultados.

Além disso, há outras medidas que nos possibilitam identificar se dois ou mais grupos, quando comparados, são homogêneos ou heterogêneos: as **medidas de assimetria**. Finalmente, há as **medidas de curtose**, que tornam possível afirmar se o gráfico resultante de uma pesquisa é simétrico ou assimétrico e se é normal, achatado ou afilado.

Vamos estudar algumas das medidas de dispersão.

2.8.1 Amplitude total

Quando temos os resultados de uma pesquisa e os colocamos em ordem numérica crescente ou decrescente, sabemos quais são os valores mínimo e máximo. Podemos, então, determinar a amplitude total desse conjunto de valores, subtraindo o valor menor do valor maior. Suponhamos, por exemplo, que tivemos os seguintes valores em uma pesquisa, já ordenados: 3 – 4 – 4 – 6 – 7 – 7 – 7 – 8 – 8 – 9. A amplitude total desse conjunto de valores, que representaremos por **A**, é:

$A = 9 - 3$
$A = 6$

Suponhamos, com outro exemplo, os resultados de uma pesquisa conforme mostrado na Tabela 2.7.

Tabela 2.7 – Resultados obtidos em um teste de português, por faixa de nota

Resultado (X_i)	Quantidade de pessoas (f_i)
5 ⊢— 6	5
6 ⊢— 7	5
7 ⊢— 8	8
8 ⊢— 9	6
9 ⊢— 10	6

A amplitude total, nesse caso, é:

$A = 10 - 5$
$A = 5$

2.8.2 Amplitude semi-interquartílica

Verificamos que a mediana é o valor que está no centro dos resultados de uma pesquisa, logo, os divide em duas partes iguais. Mas podemos desejar dividir esses resultados em uma quantidade maior de partes iguais. Por exemplo, temos como medidas de amplitude semi-interquartílica o quartil, o decil e o centil.

Os quartis dividem os resultados de uma pesquisa colocados em ordem crescente ou decrescente em quatro partes iguais. Assim, temos três quartis a que chamaremos Q_1, Q_2 e Q_3. O quartil 2, no caso, coincide com a mediana, pois está no centro dos resultados.

A amplitude semi-interquartílica, também conhecida como *desvio quartil*, pode ser obtida pela seguinte fórmula:

$$Dq = \frac{Q_3 - Q_1}{2}$$

Caso queiramos dividir os resultados de uma pesquisa em dez partes iguais, precisaremos conhecer os nove decis, representados por D_1, D_2, ..., D_9. Para dividi-los em cem partes iguais, será necessário conhecer os 99 centis, representados por C_1, C_2, ..., C_{99}.

2.8.3 Desvio médio

Para conhecermos o desvio médio (Dm) dos valores de uma pesquisa, precisamos primeiramente calcular a média aritmética deles e, em seguida, verificar quanto cada um está afastado dessa média, positiva ou negativamente. Todos os valores deverão ser considerados, sem exceção. Para tal, utilizamos a fórmula:

$$Dm = \frac{\sum |X_i - \overline{X}| \cdot f_i}{N}$$

Em que:
- i varia de 1 até N;
- $i = \sum f$;
- $\sum |X_i - \overline{X}|$ é o módulo do desvio de cada valor de X_i em relação à média, ou seja, o valor absoluto dos desvios;
- f_i é a frequência de ocorrência de cada X_i.

Para exemplificarmos o cálculo do desvio médio, vamos utilizar os dados da Tabela 2.8, representativa dos resultados obtidos em uma pesquisa entre 100 pessoas quanto aos respectivos anos de estudo.

Tabela 2.8 – Anos de estudo de 100 pessoas pesquisadas quanto à escolaridade

Anos de estudo (X_i)	Quantidade de pessoas (f_i)
5 ⊢—— 8	7
8 ⊢—— 11	12
11 ⊢—— 14	17
14 ⊢—— 17	24
17 ⊢—— 20	30
20 ⊢—— 23	10
Σ	100

Vamos primeiramente calcular a média desses resultados, considerando o ponto médio de cada intervalo.

$$\overline{X} = \frac{6,5 \cdot 7 + 9,5 \cdot 12 + 12,5 \cdot 17 + 15,5 \cdot 24 + 18,5 \cdot 30 + 21,5 \cdot 10}{100}$$

$$\overline{X} = \frac{1.514}{100}$$

$\overline{X} = 15{,}14$ anos de estudo

Para o cálculo do desvio médio, vamos completar a terceira e a quarta colunas da Tabela 2.9. Observe que, na terceira, foi calculado o desvio em relação à média de cada um dos resultados da pesquisa. Como cada resultado ocorreu mais de uma vez, na quarta coluna, multiplicou-se o módulo desses desvios pela frequência de ocorrência. Lembre-se de que utilizamos o módulo dos desvios porque o somatório deles é sempre igual a zero.

Tabela 2.9 – Anos de estudo de 100 pessoas pesquisadas quanto à escolaridade

Anos de estudo (X_i)	Quantidade de pessoas (f_i)	$X_i - \overline{X}$	$\lvert X_i - \overline{X} \rvert \cdot f_i$
5 ⊢—— 8	7	−8,64	60,48
8 ⊢—— 11	12	−5,64	67,68
11 ⊢—— 14	17	−2,64	44,88
14 ⊢—— 17	24	0,36	8,64
17 ⊢—— 20	30	3,36	100,80
20 ⊢—— 23	10	6,36	63,60
Σ	100		346,08

Agora, vamos utilizar novamente a fórmula do desvio médio.

$$Dm = \frac{\Sigma \lvert X_i - \overline{X} \rvert \cdot f_i}{N}$$

$$Dm = \frac{346,08}{100}$$

$Dm = 3{,}4608$ (aproximadamente, $Dm = 3{,}46$)

2.8.4 Variância

A principal medida de dispersão é, sem dúvida, o desvio-padrão. Mas, para calculá-lo, precisamos primeiramente determinar a variância dos resultados, uma vez que ele, como veremos adiante, é igual à raiz quadrada da variância.

Para o cálculo da variância de toda a população pesquisada, que representamos por S^2, temos a fórmula:

$$S^2 = \frac{\sum (X_i - \overline{X})^2 \cdot f_i}{n}$$

Caso estejamos trabalhando com uma amostra, o denominador dessa equação passa a $(N-1)$.

2.8.5 Desvio-padrão

O desvio-padrão é a medida de dispersão mais utilizada na prática. Nós o representaremos por S. Logo:

$$S = \sqrt{S^2}$$

Ou seja, o desvio-padrão é igual à raiz quadrada da variância.

Ao realizarmos uma pesquisa com uma amostra suficientemente grande, verificamos que o intervalo compreendido entre $(\overline{X} - 3 \cdot S)$ e $(\overline{X} + 3 \cdot S)$ inclui praticamente todos os resultados obtidos na pesquisa. Isso será mais bem ilustrado ao analisarmos a distribuição normal de probabilidades.

Vamos, então, calcular a variância e o desvio-padrão dos dados ilustrados na Tabela 2.10. Para tal, precisaremos incluir uma coluna com os valores de $(X_i - \overline{X})^2 \cdot f_i$.

Tabela 2.10 – Anos de estudo de 100 pessoas pesquisadas quanto à escolaridade

Anos de estudo (X_i)	Quantidade de pessoas (f_i)	$X_i - \overline{X}$	$\mid X_i - \overline{X} \mid \cdot f_i$	$(X_i - \overline{X})^2 \cdot f_i$
5 ⊢—— 8	7	-8,64	60,48	522,5472
8 ⊢—— 11	12	-5,64	67,68	381,7152
11 ⊢—— 14	17	-2,64	44,88	118,4832
14 ⊢—— 17	24	0,36	8,64	3,1104
17 ⊢—— 20	30	3,36	100,80	338,6880
20 ⊢—— 23	10	6,36	63,60	404,4960
$\sum$	100		346,08	1.769,0400

Portanto, a variância, considerando que estamos trabalhando com a população toda, é:

$$S^2 = \frac{\sum (X_i - \overline{X})^2 \cdot f_i}{N}$$

$$S^2 = \frac{1.769,04}{100}$$

$$S^2 = 17,6904$$

Como o desvio-padrão é igual à raiz quadrada da variância, temos:

$S = \sqrt{17,6904}$

$S = 4,205996$ (aproximadamente, $S = 4,21$)

Síntese

Ao concluirmos uma pesquisa, os dados coletados são denominados *dados brutos*. Uma vez organizados, passamos a ter um rol por meio do qual construímos uma distribuição de frequências e realizamos o cálculo de medidas. As medidas estudadas neste capítulo foram divididas em dois grandes grupos: as medidas de tendência central (média aritmética, mediana e moda) e as medidas de dispersão (amplitude, desvio médio, variância e desvio-padrão). Todas são importantes ferramentas para um gestor tomar decisões, pois tem em mãos um espelho do objeto de pesquisa.

Observamos que as medidas de tendência central, sozinhas, poderão levar o pesquisador a conclusões errôneas sobre os resultados obtidos. Entretanto, juntamente com as medidas de dispersão, permitem uma análise completa e precisa sobre esses resultados.

Questões para revisão

1) (Enem, 2014) Durante um dia de fiscalização num posto policial foram levantados os seguintes dados acerca da quantidade de passageiros transportados nos veículos de passeio averiguados:

Número de veículos	Número de passageiros
12	1
26	2
28	3
17	4
10	5
7	6

Fonte: Inep, 2014.

Analisando corretamente a tabela, podemos afirmar que em relação ao número de passageiros transportados pelos veículos fiscalizados, a mediana e a moda valem, respectivamente:

a. 2 e 3.
b. 2,5 e 3.
c. 3 e 3.
d. 3 e 2.
e. 4 e 4.

2) (Enem, 2013) – As notas de um professor que participou de um processo seletivo em que a banca avaliadora era composta por cinco membros são apresentadas no gráfico. Sabe-se que cada membro da banca atribui duas notas ao professor, uma relativa aos conhecimentos específicos da área de atuação e outra, aos conhecimentos pedagógicos, e que a média final do professor foi dada pela média aritmética de todas as notas atribuídas pela banca avaliadora.

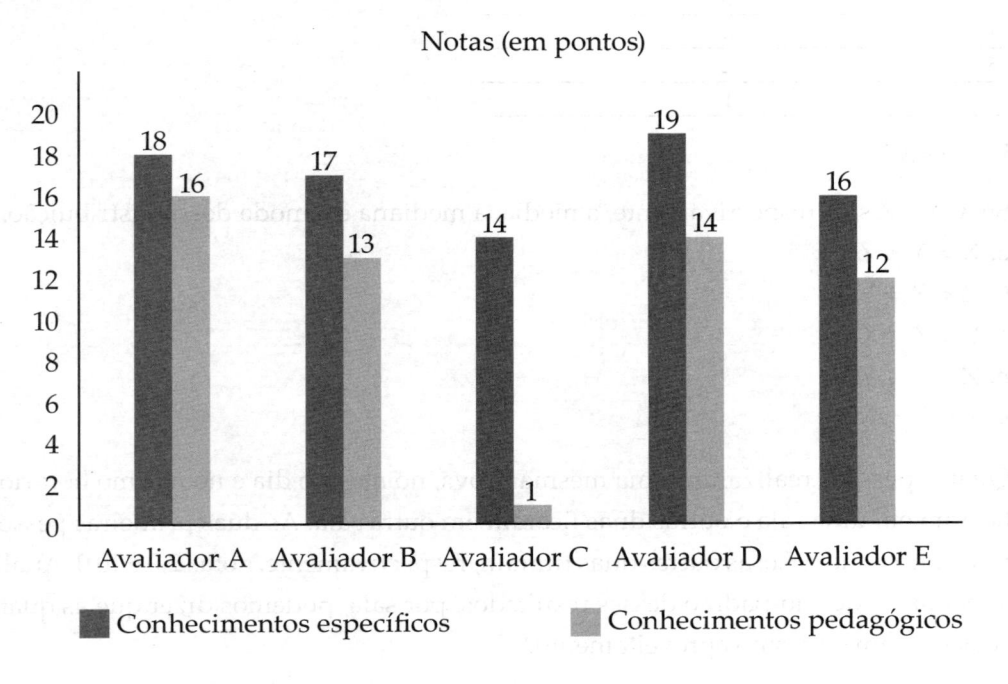

Notas (em pontos)

Avaliador	Conhecimentos específicos	Conhecimentos pedagógicos
A	18	16
B	17	13
C	14	1
D	19	14
E	16	12

Fonte: Inep, 2013.

Utilizando um novo critério, essa banca avaliadora resolveu descartar a maior e a menor notas atribuídas ao professor.

A nova média, em relação à média anterior, é:

a. 0,25 ponto maior.
b. 1,00 ponto maior.
c. 1,00 ponto menor.
d. 1,25 ponto maior.
e. 2,00 pontos menor.

3) (Enem, 2010) – O quadro seguinte mostra o desempenho de um time de futebol no último campeonato. A coluna da esquerda mostra o número de gols marcados e a coluna da direita informa em quantos jogos o time marcou aquele número de gols.

Gols marcados	Quantidade de partidas
0	5
1	3
2	4
3	3
4	2
5	2
7	1

Fonte: Inep, 2010.

Se X, Y e Z são, respectivamente, a média, a mediana e a moda dessa distribuição, então:
a. $X = Y < Z$.
b. $Z < X = Y$.
c. $Y < Z < X$.
d. $Z < X < Y$.
e. $Z < Y < X$.

4) Quatro pessoas realizaram uma mesma prova, no mesmo dia e no mesmo horário. Duas ficaram em uma sala e outras duas ficaram em outra sala. As duas primeiras pessoas tiraram, ambas, nota 6,0; as outras duas tiraram, respectivamente, notas 2,0 e 10,0. Analisando a média e o desvio-padrão desses resultados, por sala, podemos dizer que as quatro pessoas tiveram o mesmo aproveitamento?

5) Quarenta e sete pessoas fizeram uma prova e obtiveram notas que variaram de 3,0 a 9,0. Colocando essas notas em ordem numérica crescente, essas pessoas foram divididas em dois grupos: o primeiro, com 24 pessoas cujas notas variaram de 3,0 a 6,0; o segundo, com 23 pessoas cujas notas variaram de 6,0 a 9,0.

Se a última pessoa do primeiro grupo, cuja nota foi 6,0, se deslocar para o segundo grupo, o que acontece com as médias dos dois grupos?

Questões para reflexão

1) Suponhamos que, após uma pesquisa realizada entre 48 residências para medir o consumo médio mensal de energia elétrica consumida, obteve-se o seguinte resultado:

Consumo médio (em kwh)	Residências pesquisadas
68	7
72	9
76	14
80	14
84	3
88	1

   Essa distribuição de frequência apresenta moda? Se sim, qual é ela?

2) Qual é o desvio médio do resultado da pesquisa representada na questão 1?

3) Qual é o desvio-padrão do resultado da pesquisa representada na questão 1?

Para saber mais

Para você se aprofundar nos assuntos tratados neste capítulo, sugerimos a leitura dos livros a seguir e indicamos alguns vídeos, artigos e apostilas. Confira.

Livros

BUSSAB, W. de O.; MORETTIN, P. A. **Estatística básica**. 5. ed. São Paulo: Saraiva, 2002.

CASTANHEIRA, N. P. **Estatística aplicada a todos os níveis**. 5. ed. Curitiba: Intersaberes, 2010.

Outros materiais

DESVIO médio. Disponível em: <http://www.cavalcanteassociados.com.br/article.php?id=12>. Acesso em: 3 maio 2016.

ESTATÍSTICA – Inquérito e tratamento de dados. Disponível em: <http://pt.slideshare.net/FlaviaFMC/estatstica-inqurito-e-tratamento-de-dados-vida-saudvel>. Acesso em: 3 maio 2016.

FRANÇA, M. V. D. de. Estatística: moda e mediana. **UOL Educação**. Disponível em: <http://educacao.uol.com.br/matematica/estatistica-moda-mediana.jhtm>. Acesso em: 3 maio 2016.

_____. Estatística: variância e desvio-padrão. **UOL Educação**. Disponível em: <http://educacao.uol.com.br/matematica/estatistica-variancia-desvio-padrao.jhtm>. Acesso em: 3 maio 2016.

GONÇALVES, A. Mediana. **Brasil Escola**. Disponível em: <http://www.brasilescola.com/matematica/mediana.htm>. Acesso em: 3 maio 2016.

_____. Variância e desvio-padrão. **Mundo Educação**. Disponível em: <http://www.mundoeducacao.com/matematica/variancia-desvio-padrao.htm>. Acesso em: 3 maio 2016.

MEDIDAS de tendência central. **Curso Professor Cardy**. Disponível em: <http://www.profcardy.com/exercicios/assunto.php?assunto=Medidas+de+Tend%EAncia+Central>. Acesso em: 3 maio 2016.

MEDIDAS de variabilidade. Disponível em: <https://www.youtube.com/watch?v=iEMfuoHEMfw>. Acesso em: 3 maio 2016.

ZAT, A. D. **Moda estatística**: relações conceituais. Disponível em: <http://www.pucrs.br/edipucrs/erematsul/minicursos/modaestatistica.pdf>. Acesso em: 3 maio 2016.

Conteúdos do capítulo:
- Conceitos de probabilidades.
- Teoremas da soma e da multiplicação.
- Distribuição binomial de probabilidades.
- Distribuição de Poisson de probabilidades.
- Distribuição normal de probabilidades.

Após o estudo deste capítulo, você será capaz de:
1. definir probabilidades, eventos e espaço amostral;
2. utilizar o teorema da soma para aplicações práticas;
3. utilizar o teorema da multiplicação para aplicações práticas;
4. utilizar a distribuição binomial para o cálculo de probabilidades;
5. utilizar a distribuição de Poisson para o cálculo de probabilidades;
6. utilizar a distribuição normal para o cálculo de probabilidades.

3
Probabilidades

Agora, vamos estudar **probabilidades**. Talvez você não perceba, mas todos os dias estamos envolvidos com esse assunto. Por exemplo: ao acordar, queremos saber a probabilidade de chover ou de fazer frio ou de fazer calor para definir que roupa vestiremos para sair de casa. Quando alguém acredita que possa ganhar dinheiro apostando em algum jogo de azar, como os diversos tipos de loteria, é importante saber calcular a probabilidade de isso ocorrer para se certificar de que vale a pena arriscar. Quando alguém vai prestar um concurso para uma instituição, precisa conhecer a probabilidade de ser aprovado. É sobre esse tema que trataremos neste capítulo, apresentando os principais conceitos e aspectos a ele relacionados. A sequência do estudo está indicado na Figura 3.1.

Figura 3.1 – Sequência dos assuntos a estudar em probabilidades

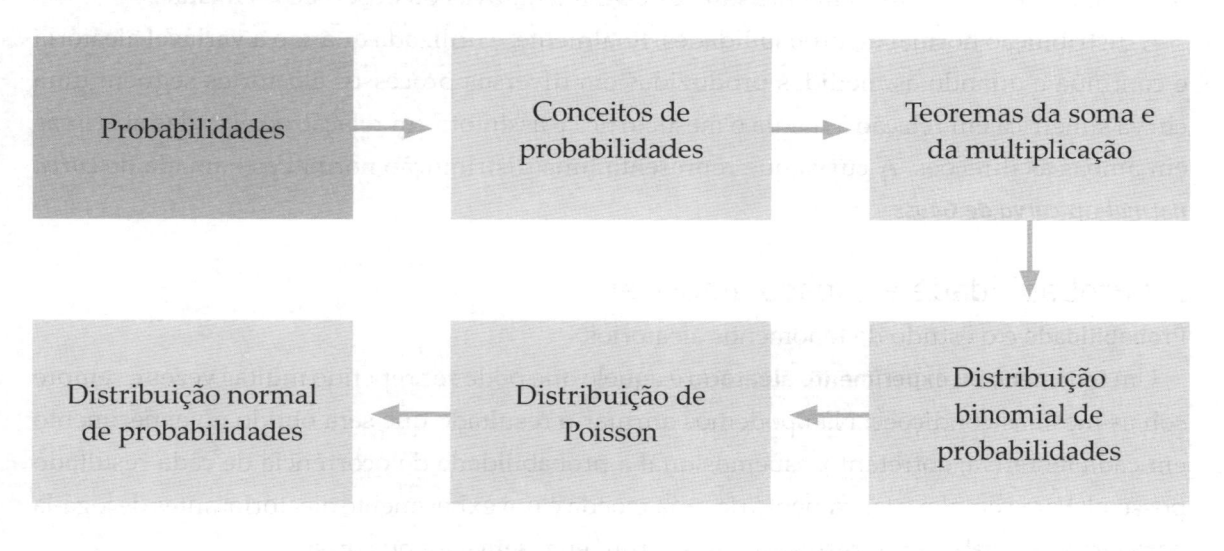

Probabilidades → Conceitos de probabilidades → Teoremas da soma e da multiplicação ↓

Distribuição normal de probabilidades ← Distribuição de Poisson ← Distribuição binomial de probabilidades

3.1 Problematização

Na teoria das probabilidades, precisamos saber distinguir quando utilizar o teorema da soma e quando recorrer ao teorema da multiplicação. Para o primeiro, é ainda necessário identificar quando os eventos são mutuamente exclusivos e quando não o são. Igualmente importante é conhecer como aplicar as diferentes distribuições de probabilidades para a resolução de problemas do dia a dia.

Você sabe o que é uma distribuição de probabilidades? Sabe quando utilizar a distribuição binomial? E quando utilizar a distribuição de Poisson e a distribuição normal de probabilidades?

Vamos esclarecer.

Uma distribuição de probabilidades é um modelo matemático para a distribuição real de frequências. A distribuição binomial de probabilidades é utilizada quando o processo de amostragem é do tipo de Bernoulli, ou seja:

a) em cada tentativa, existem dois resultados possíveis e mutuamente exclusivos, denominados *sucesso* e *insucesso*;

b) as séries de tentativas ou observações são constituídas de eventos independentes;

c) a probabilidade de sucesso, indicada por **p**, permanece constante de tentativa para tentativa, isto é, o processo é estacionário.

A distribuição de Poisson, por sua vez, é utilizada quando os eventos ocorrem em um *continuum* de tempo ou espaço. É similar ao processo de Bernoulli, exceto quanto ao fato de que os eventos ocorrem continuamente, em vez de em tentativas ou observações fixadas.

A distribuição normal de probabilidades, finalmente, é utilizada quando a variável aleatória é contínua e quando as medidas produzidas em diversos processos aleatórios seguem uma curva simétrica em relação à média e mesocúrtica e assíntota em relação ao eixo das abscissas, em ambas as direções. A curva que representa uma distribuição normal é chamada de *curva normal* ou **curva de Gauss**.

3.2 Probabilidade e espaço amostral

Probabilidade é o estudo de fenômenos aleatórios.

Um **fenômeno ou experimento aleatório** é aquele que pode ser repetido muitas vezes e sempre sob as mesmas condições. Não podemos afirmar o resultado que será obtido no experimento em cada tentativa; entretanto, sabemos qual a probabilidade de ocorrência de cada resultado possível. Por exemplo: o lançamento de uma moeda é um experimento aleatório; antes de jogá-la para cima, não sabemos o resultado, mas certamente será cara ou coroa.

Os possíveis resultados de determinado experimento constituem o que chamamos de ***espaço amostral*** (S). Assim, o lançamento de uma moeda tem o seguinte espaço amostral:

$S = \{cara, coroa\}$

Observe que o espaço amostral é um conjunto, por isso fizemos a representação anterior.

Qualquer subconjunto do conjunto S é um **evento**. Por exemplo, podemos definir o evento A = {cara} ou o evento B = {coroa}. Se ele tiver um único elemento, chama-se *evento simples*; se tiver dois ou mais elementos, chama-se *evento composto*.

3.3 Cálculo da probabilidade

Mas como se calcula a probabilidade de ocorrência de um evento? Definimos que essa probabilidade é a relação entre o número de casos favoráveis dele e o de casos possíveis. Por exemplo, no lançamento de uma moeda, a probabilidade de ocorrer o evento A = {cara} é igual a:

$$P(A) = \frac{\text{número de elementos do evento A}}{\text{número de elementos do espaço amostral S}}$$

Observe que o resultado encontrado para P(A) é sempre um valor entre zero e 1, em que 1 corresponde a 100%.

Estamos supondo que a moeda do exemplo seja uma ferramenta honesta. O que isso significa? Qualquer resultado tem igual probabilidade de ocorrência. Não é, portanto, uma ferramenta viciada.

Vamos agora analisar o experimento que consiste no lançamento de um dado honesto, ou seja, qualquer dos seis possíveis resultados tem igual probabilidade de ocorrência. O espaço amostral é:

S = {1, 2, 3, 4, 5, 6}

Vamos definir alguns eventos.

A = {número par}
B = {número ímpar}
C = {número 3}

Qual a probabilidade de ocorrência de cada um desses eventos?

$P(A) = \frac{3}{6}$, pois temos três números pares em um total de seis resultados possíveis.

Se desejarmos mostrar o resultado em percentual, basta dividir 3 por 6, que é igual a 0,5, ou seja, 50%.

$P(B) = \frac{3}{6}$, pois temos três números ímpares em um total de seis resultados possíveis.

Novamente, temos 50% de probabilidade.

$P(C) = \frac{1}{6}$, pois temos um único número 3 em um total de seis resultados possíveis.

Nesse caso, a probabilidade é igual a 16,7%, ou seja, 1 dividido por 6.

O sonho de muitos brasileiros é ficar milionário acertando as seis dezenas de um concurso da Mega-Sena. Mas quantos são os resultados possíveis nesse jogo, se são sorteadas seis dezenas de um total de 60? Qual é o espaço amostral? Nesse caso, temos uma combinação de 60 números, tomados seis a seis. Para o cálculo, precisamos relembrar a fórmula de combinação, como segue:

$$C_{N,X} = \frac{N!}{X!(N-X)!}$$

$$C_{60,6} = \frac{60!}{6!(60-6)!}$$

$$C_{60,6} = 50.063.860$$

Ou seja, há mais de 50 milhões de resultados possíveis. Se você apostou um único jogo com seis dezenas, sua probabilidade de ganhar é:

$$P(\text{acertar seis dezenas}) = \frac{1}{50.063.860} = 0,000000019$$

Percentualmente, a probabilidade de ser premiado em um concurso da Mega-Sena é de 0,0000019% para quem apostou em um único jogo com seis dezenas. Impossível? Não. Mas de baixíssima probabilidade de ocorrência.

Vamos agora fazer o experimento que consiste no lançamento de dois dados honestos. Qual é o espaço amostral? Observe que cada dado tem seis faces numeradas de 1 a 6. Quando no primeiro dado deu como resultado o número 1, ele pode estar combinado com outros seis resultados do segundo dado; quando no primeiro dado deu como resultado o número 2, ele pode estar combinado com outros seis resultados do segundo dado; e assim por diante. Temos, então, $6 \times 6 = 36$ possíveis resultados no espaço amostral.

Pretendemos, ao lançar dois dados simultaneamente, calcular a probabilidade de a soma dos resultados nos dois ser igual a 12. Nesse caso, só há uma chance desse acontecimento, que é sair o resultado 6 em ambos. A probabilidade de isso acontecer será:

$$P(\text{soma dos dois dados é 12}) = \frac{1}{36}$$

Percentualmente, a probabilidade é de 2,78%.

Uma observação importante é que P(A) representa a probabilidade de ocorrência de um evento. A probabilidade da não ocorrência é representada por Q(A). Nesse caso:

P(A) + Q(A) = 1, ou seja, igual a 100%.

Por exemplo, se hoje há a probabilidade de 30% de chover, há a probabilidade de 70% de não chover.

3.4 Eventos mutuamente exclusivos e eventos não mutuamente exclusivos

Dois eventos são mutuamente exclusivos quando o acontecimento de um elimina totalmente a probabilidade de ocorrência do outro naquele momento. Se, por exemplo, você lançou uma moeda, poderá definir os eventos A = {cara} e B = {coroa}. Se o resultado obtido foi coroa, isso significa que ocorreu o evento B; logo, não poderá ter ocorrido o evento A. Dizemos então que A e B são mutuamente exclusivos.

Vamos analisar outro exemplo. Imaginemos que temos em uma sacola 30 bolas numeradas de 1 a 30 e vamos sortear uma única bola. Vamos supor os eventos A = {a bola tem número múltiplo de 5} e B = {a bola tem número múltiplo de 7}; ou seja, A = {5 , 10 , 15 , 20 , 25 , 30} e B = {7 , 14 , 21 , 28}.

Logo, qualquer bola que tenha sido sorteada e pertença ao conjunto A não pertence ao conjunto B e vice-versa. Então, A e B são mutuamente exclusivos.

Há eventos, entretanto, que não se excluem. Suponhamos o experimento que consiste no lançamento de um dado e que você tenha definido os seguintes eventos:

A = {número par}
B = {número maior que 4};
ou seja, A = {2 , 4 , 6} e B = {6}.

Ao lançar o dado, poderá ocorrer o resultado 6. Isso significa que ocorreu o evento A, pois o número é par, mas ocorreu também o B, porque o número 6 é maior que 4. Dizemos, então, que os eventos A e B não são mutuamente exclusivos.

Vamos analisar outro evento. Suponhamos que temos, em uma gaiola, dois canários. Um deles, que chamaremos de *A*, canta 50% do tempo em que está acordado; o outro, que chamaremos de *B*, canta 60% do tempo em que está acordado. Queremos calcular a probabilidade de, em um dia qualquer, quando os dois canários estiverem acordados, os dois cantarem. Observe que, se um dos dois cantar, não podemos eliminar totalmente a probabilidade de o outro também cantar. Assim, os eventos A e B não são mutuamente exclusivos.

3.5 Regra da multiplicação

Se um experimento A admite em seu espaço amostral "a" resultados e se um experimento B admite "b" resultados, então o número total de resultados dos dois experimentos, quando simultâneos, é "a · b". Representamos essa regra da multiplicação da seguinte forma:

$P(A \cap B) = P(A) \cdot P(B)$

O símbolo ∩ representa a interseção e lê-se "E".

Nos exemplos anteriores, qual é a probabilidade de ocorrer A e, simultaneamente, ocorrer B? No exemplo que consiste em se lançar um dado, temos:

A = {número par}

B = {número maior que 4}

Supondo que, ao lançar o dado, ocorreu como resultado o número 6, temos que:

$P(A \cap B) = P(A) \cdot P(B)$

$P(A \cap B) = \dfrac{3}{6} \cdot \dfrac{2}{6}$

$P(A \cap B) = \dfrac{6}{36} = \dfrac{1}{6}$

Ou seja, só há uma chance de o número que ocorreu como resultado ser simultaneamente par e maior que 4 (uma chance em seis).

No exemplo dos dois canários, a probabilidade de eles cantarem simultaneamente é:

$P(A) = 50\% = \dfrac{50}{100}$

$P(B) = \dfrac{60}{100}$

$P(A \cap B) = P(A) \cdot P(B)$

$P(A \cap B) = \dfrac{5\cancel{0}}{10\cancel{0}} \cdot \dfrac{6\cancel{0}}{10\cancel{0}}$

$P(A \cap B) = \dfrac{30}{100}$

Ou seja, há 30% de chance de os dois canários cantarem simultaneamente.

3.6 Regra da adição

Antes de aplicarmos a regra da adição, é necessário saber se os eventos envolvidos são ou não mutuamente exclusivos.

Utiliza-se a regra da adição quando estamos diante da ocorrência de um evento "ou" de outro evento, nunca os dois simultaneamente. Por exemplo, se o experimento consiste em lançarmos uma moeda, suponhamos que você definiu os seguintes eventos:

A = {cara}

e

B = {coroa}

Qual é a probabilidade de, ao jogarmos a moeda para cima uma única vez, ocorrer o evento A ou o evento B? Como se trata de "ou", utilizaremos a regra da adição. A fórmula é:

$P(A \cup B) = P(A) + P(B) - P(A \cap B)$

O símbolo ∪ significa união e lê-se "OU".

Quando os eventos são mutuamente exclusivos, ou seja, não acontecem simultaneamente, $P(A \cap B) = 0$.

Então, nesse exemplo $P(A \cup B) = P(A) + P(B)$.

Logo, $P(A \cup B) = \dfrac{1}{2} + \dfrac{1}{2}$

$P(A \cup B) = 1$.

Isso significa que há 100% de chance de ocorrer ou o evento A (cara) ou o evento B (coroa).

Vamos analisar outro experimento. Agora, utilizaremos como ferramenta um baralho comum de 52 cartas, que conta com:

- 13 cartas de copas (naipe de cor vermelha);
- 13 cartas de ouros (naipe de cor vermelha);
- 13 cartas de paus (naipe de cor preta);
- 13 cartas de espadas (naipe de cor preta).

Para quem não conhece um baralho comum, as 13 cartas de cada naipe são: ás, 2, 3, 4, 5, 6, 7, 8, 9, 10, valete, dama, rei.

Suponhamos, agora, que o experimento consiste em retirar uma única carta desse baralho. Vamos definir os eventos:

A = {naipe de cor preta} e
B = {valete}.

Observe que há 26 cartas de naipe preto (13 de paus e 13 de espadas). Há, no baralho, 4 valetes, dos quais dois são de naipe de cor preta. Logo, os eventos A e B não são mutuamente exclusivos, pois a carta retirada poderá ser de naipe preto e ser exatamente um valete de paus ou um valete de espadas.

Queremos calcular a probabilidade de a carta retirada ser uma carta de naipe preto ou um valete. Como os eventos não são mutuamente exclusivos, temos que:

$P(A \cup B) = P(A) + P(B) - P(A \cap B)$

$P(A \cup B) = \dfrac{26}{52} + \dfrac{4}{52} - \dfrac{26}{52} \cdot \dfrac{4}{52}$

$P(A \cup B) = \dfrac{28}{52}$

Ou seja, temos 28 chances em um total de 52 cartas, pois há as 26 cartas de naipe preto, mais dois valetes de naipe de cor vermelha.

Vamos analisar outro exemplo de cálculo de probabilidades.

Por exemplo, temos em uma caixa oito bolas verdes e quatro vermelhas. Vamos retirar dela, sucessivamente, duas bolas, sem reposição. Queremos calcular a probabilidade de as duas bolas retiradas serem vermelhas.

A probabilidade de a primeira bola ser vermelha é:

$$P(\text{primeira bola é vermelha}) = \frac{4}{12}$$

A probabilidade de a segunda bola também ser vermelha é:

$$P(\text{segunda bola é vermelha}) = \frac{3}{11}$$

Por quê? Porque, se a primeira bola retirada foi vermelha, a caixa passa a ter apenas três bolas vermelhas. Como não houve reposição daquela que foi retirada, só restaram 11 dentro da caixa (oito verdes e três vermelhas).

Então a probabilidade de a primeira bola ser vermelha "e" de a segunda bola ser vermelha é:

$$P(\text{duas bolas vermelhas}) = \frac{4}{12} \cdot \frac{3}{11}$$

$$P(\text{duas bolas vermelhas}) = \frac{1}{11}$$

Lembre-se: à palavra "E" associamos a multiplicação; à palavra "OU" associamos a soma.

3.7 Distribuição de probabilidades

Agora que já estudamos o cálculo de probabilidades, vamos tratar de um assunto novo: distribuição de probabilidades. Você sabe o que é isso? Trata-se de um modelo matemático para a distribuição real de frequências de uma pesquisa em que a variável x é aleatória.

Uma **variável aleatória** é aquela cujos valores são determinados por processos acidentais, ou seja, os quais não estão sob nosso controle. Ela pode ser **discreta** ou **contínua**. Será discreta quando os valores que a variável assumir puderem ser listados em uma tabela, com a respectiva probabilidade de ocorrência; caso contrário, será contínua.

Entre as distribuições de probabilidade existentes, vamos estudar as que consideramos as três principais: a binomial, a de Poisson e a normal.

3.7.1 Distribuição binomial de probabilidades

A distribuição binomial é utilizada quando a variável aleatória é discreta; pode ser aplicada quando o processo de amostragem é do tipo de Bernoulli. O que é isso? É um processo de amostragem em que:

a) cada tentativa do experimento só resulta em dois possíveis resultados: sucesso (p) e fracasso (q); $p + q = 1$;

b) cada tentativa é independente das demais;

c) a probabilidade de sucesso (p) é constante, ou seja, é sempre a mesma em todas as tentativas.

Para o cálculo da probabilidade de ocorrência de um evento que tenha simultaneamente todas essas características, temos a fórmula:

$$P(X) = C_{N,X} \cdot p^X \cdot q^{N-X}$$

Lembre-se de que $C_{N,X}$ é o cálculo de combinações de N elementos tomados X a X. Então:

$$P(X) = \frac{N!}{X!(N-X)!} \cdot p^X \cdot q^{N-X}$$

É importante ressaltar também que N! significa o fatorial do número N. Temos que:

$$N! = N \cdot (N-1) \cdot (N-2) \cdot ... \cdot 1$$

Vamos, então, analisar um exemplo com a aplicação da distribuição binomial. Suponha que a média de reprovação de candidatos à obtenção da carteira de habilitação em dado posto do Detran seja de 20%. Se, em determinado dia, foram selecionados ao acaso 20 candidatos nesse posto, qual é a probabilidade de apenas um ser reprovado?

P(reprovar) = 20% = 0,20
P(aprovar) = 80% = 0,80
N = 20 candidatos
X = 1 reprovado

$$P(X=1) = \frac{20!}{1!(20-1)!} \cdot p^X \cdot q^{N-X}$$

$$P(X=1) = \frac{20 \cdot 19!}{1 \cdot 19!} \cdot 0,20^1 \cdot 0,80^{20-1}$$

$$P(X=1) = 20 \cdot 0,20 \cdot 0,014412$$

$$P(X=1) = 0,05764$$

Ou seja, a probabilidade é de 5,764%.

É bom lembrar que o fatorial de 1 é igual a 1 e que o fatorial de zero, por definição, também é igual a 1.

Vamos analisar outro exemplo. Acredita-se que 20% dos moradores das proximidades de uma grande indústria siderúrgica têm alergia aos poluentes lançados ao ar. Admitindo que esse percentual de alérgicos seja real (correto), calcule a probabilidade de que pelo menos quatro moradores tenham alergia entre 13 selecionados ao acaso.

Seja X o número de moradores que têm alergia.

p: probabilidade de um indivíduo, selecionado ao acaso, ter alergia; $p = 0,2$.

Ou seja, a variável aleatória X tem distribuição binomial com parâmetros $N = 13$ e $p = 0,20$, com função de probabilidade dada por:

$$P(X) = \frac{N!}{X!(N-X)!} \cdot p^X \cdot q^{N-X}$$

Assim, a probabilidade de que pelo menos quatro moradores tenham alergia é dada por:

$P(X \geq 4) = P(X = 4) + P(X = 5) + \ldots + P(X = 13) = 0{,}1535 + 0{,}0694 + \ldots + 0{,}0000 = 0{,}2526$ **ou**
$P(X \geq 4) = 1 - P(X \leq 3) = 1 - \{P(X = 0) + P(X = 1) + P(X = 2) + P(X = 3)\} = 0{,}2526$

Confira os resultados. Lembre-se de que $p + q = 1$. Logo, $q = 0{,}8$.

3.7.2 Distribuição de Poisson

A distribuição de Poisson é utilizada quando a variável aleatória é discreta e expressa a probabilidade de ocorrência de uma série de eventos em determinado tempo, em que cada um acontece independentemente de quando foi o último, ou seja, não está sob o controle do observador. Para sua utilização, precisamos conhecer o número médio de sucessos relativo à variável de interesse. Com vistas a determinar a probabilidade pelo processo de Poisson, temos a fórmula:

$$P(X \mid \lambda) = \frac{\lambda^X \cdot e^{-\lambda}}{X!}$$

Em que:
- λ é a média conhecida e
- "e" é a base dos logaritmos neperianos ($e = 2{,}718281828\ldots$).

$P(X \mid \lambda)$ lê-se como a probabilidade de ocorrer o evento X tal que conheçamos a média λ. Para facilitar os cálculos, apresentamos a Tabela 3.1 com exemplos de $e^{-\lambda}$.

Tabela 3.1 – Valores de $e^{-\lambda}$ para alguns valores de λ

λ	$e^{-\lambda}$	λ	$e^{-\lambda}$	λ	$e^{-\lambda}$
0,0	1,00000	1,9	0,14957	3,8	0,02237
0,1	0,90484	2,0	0,13534	3,9	0,02024
0,2	0,81873	2,1	0,12246	4,0	0,01832
0,3	0,74082	2,2	0,11080	4,5	0,01111
0,4	0,67032	2,3	0,10026	5,0	0,00674
0,5	0,60653	2,4	0,09072	5,5	0,00409
0,6	0,54881	2,5	0,08208	6,0	0,00248
0,7	0,49659	2,6	0,07427	6,5	0,00150
0,8	0,44933	2,7	0,06721	7,0	0,00091
0,9	0,40657	2,8	0,06081	7,5	0,00055
1,0	0,36788	2,9	0,05502	8,0	0,00034
1,1	0,33287	3,0	0,04979	8,5	0,00020
1,2	0,30119	3,1	0,04505	9,0	0,00012
1,3	0,27253	3,2	0,04076	9,5	0,00007
1,4	0,24660	3,3	0,03688	10,0	0,00005
1,5	0,22313	3,4	0,03337	10,5	0,00003
1,6	0,20190	3,5	0,03020	11,0	0,00002
1,7	0,18268	3,6	0,02732	11,5	0,00001
1,8	0,16530	3,7	0,02472	12,0	0,00001

É importante ressaltar que, caso não conheçamos a média λ, ela poderá ser obtida pela fórmula $\lambda = N \cdot p$.

Vamos analisar um exemplo com a aplicação da distribuição de Poisson. Suponha que em uma localidade brasileira caiam, em média, seis raios por dia. Qual é a probabilidade de que, em um dia aleatoriamente escolhido, haja nessa localidade somente dois raios?

$\lambda = 6$ raios/dia
$X = 2$ raios

$$P(X \mid \lambda) = \frac{\lambda^x \cdot e^{-\lambda}}{X!}$$

$$P(X \mid \lambda) = \frac{6^2 \cdot e^{-6}}{2!}$$

$$P(X \mid \lambda) = \frac{36 \cdot 0,00248}{2}$$

$$P(X \mid \lambda) = 0,04464$$

Logo, a probabilidade é muito pequena e igual a 4,464%.

Que tal outro exemplo, também fictício? A probabilidade de alguém se contaminar com o vírus Ebola em uma visita à África do Sul é igual a 0,0001. Determine então a probabilidade de, entre cinco mil visitantes àquele país, exatamente dois se contaminarem.

$\lambda = N \cdot p$
$\lambda = 5000 \cdot 0,0001$
$\lambda = 0,5$
$X = 2$ pessoas contaminadas

$$P(X \mid \lambda) = \frac{\lambda^x \cdot e^{-\lambda}}{X!}$$

$$P(X \mid \lambda) = \frac{0,5^2 \cdot e^{-0,5}}{2!}$$

$$P(X \mid \lambda) = \frac{0,25 \cdot 0,60653}{2}$$

$$P(X \mid \lambda) = 0,07582 = 7,582\%$$

Portanto, a probabilidade é igual a 7,582%, que, no caso de contaminação, pode ser considerada alta.

3.7.3 Distribuição normal de probabilidades

A distribuição normal de probabilidades é utilizada quando a variável aleatória é contínua, representada por uma curva conhecida por vários nomes: *curva normal*, *curva em forma de sino* ou *curva de Gauss*. Trata-se de uma curva simétrica em relação à média e que é mesocúrtica. A Figura 3.2 nos ajuda na identificação dessa curva.

Figura 3.2 – Curva normal ou curva de Gauss

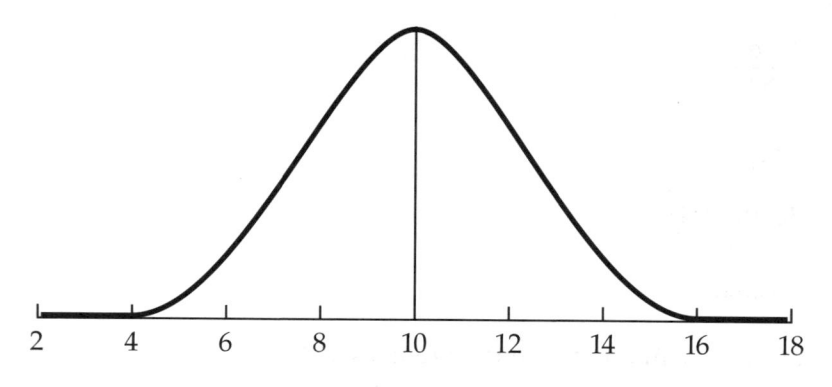

Quando temos uma distribuição de probabilidades contínua, só conseguimos calcular a probabilidade de ocorrência de um evento para um intervalo de valores da variável. A fim de utilizar a curva da Figura 3.2 para determinar essa probabilidade, é necessário transformar o valor da variável analisada (a variável aleatória X) em um valor normal padronizado (valor z), com a utilização da fórmula a seguir e da Tabela 3.2.

$$Z = \frac{X - \lambda}{S}$$

Em que:
- X é o valor da variável que desejamos transformar em um valor normal padronizado z;
- λ é a média dos resultados da pesquisa;
- S é o desvio-padrão dos resultados da pesquisa.

Tabela 3.2 – Áreas de uma distribuição normal padrão

z	0,00	0,01	0,02	0,03	0,04	0,05	0,06	0,07	0,08	0,09
0,0	0,0000	0,0040	0,0080	0,0120	0,0160	0,0199	0,0239	0,0279	0,0319	0,0359
0,1	0,0398	0,0438	0,0478	0,0517	0,0557	0,0596	0,0636	0,0675	0,0714	0,0753
0,2	0,0793	0,0832	0,0871	0,0910	0,0948	0,0987	0,1026	0,1064	0,1103	0,1141
0,3	0,1179	0,1217	1,1255	0,1293	0,1331	0,1368	0,1406	0,1443	0,1480	0,1517
0,4	0,1554	0,1591	0,1628	0,1664	0,1700	0,1736	0,1772	0,1808	0,1844	0,1879
0,5	0,1915	0,1950	0,1985	0,2019	0,2054	0,2088	0,2123	0,2157	0,2190	0,2224
0,6	0,2257	0,2291	0,2324	0,2357	0,2389	0,2422	0,2454	0,2486	0,2517	0,2549
0,7	0,2580	0,2611	0,2642	0,2673	0,2703	0,2734	0,2764	0,2794	0,2823	0,2852
0,8	0,2881	0,2910	0,2939	0,2967	0,2995	0,3023	0,3051	0,3078	0,3106	0,3133
0,9	0,3159	0,3186	0,3212	0,3238	0,3264	0,3289	0,3315	0,3340	0,3365	0,3389
1,0	0,3413	0,3438	0,3461	0,3485	0,3508	0,3531	0,3534	0,3577	0,3599	0,3621
1,1	0,3643	0,3665	0,3686	0,3708	0,3729	0,3749	0,3770	0,3790	0,3810	0,3830
1,2	0,3849	0,3869	0,3888	0,3907	0,3925	0,3944	0,3962	0,3980	0,3997	0,4015
1,3	0,4032	0,4049	0,4066	0,4082	0,4099	0,4115	0,4131	0,4147	0,4162	0,4177
1,4	0,4192	0,4207	0,4222	0,4236	0,4251	0,4265	0,4279	0,4292	0,4306	0,4319
1,5	0,4332	0,4345	0,4357	0,4370	0,4382	0,4394	0,4406	0,4418	0,4429	0,4441
1,6	0,4452	0,4463	0,4474	0,4484	0,4495	0,4505	0,4515	0,4525	0,4535	0,4545
1,7	0,4554	0,4564	0,4573	0,4582	0,4591	0,4599	0,4608	0,4616	0,4625	0,4633
1,8	0,4641	0,4649	0,4656	0,4664	0,4671	0,4678	0,4686	0,4693	0,4699	0,4706
1,9	0,4713	0,4719	0,4726	0,4732	0,4738	0,4744	0,4750	0,4756	0,4761	0,4767
2,0	0,4772	0,4778	0,4783	0,4788	0,4793	0,4798	0,4803	0,4808	0,4812	0,4817
2,1	0,4821	0,4826	0,4830	0,4834	0,4838	0,4842	0,4846	0,4850	0,4854	0,4857
2,2	0,4861	0,4864	0,4868	0,4871	0,4875	0,4878	0,4881	0,4884	0,4887	0,4890
2,3	0,4893	0,4898	0,4898	0,4901	0,4904	0,4906	0,4909	0,4911	0,4913	0,4916
2,4	0,4918	0,4922	0,4922	0,4925	0,4927	0,4929	0,4931	0,4932	0,4934	0,4936
2,5	0,4938	0,4940	0,4941	0,4943	0,4945	0,4946	0,4948	0,4949	0,4951	0,4952
2,6	0,4953	0,4955	0,4956	0,4957	0,4959	0,4960	0,4961	0,4962	0,4963	0,4964
2,7	0,4965	0,4966	0,4967	0,4968	0,4969	0,4970	0,4971	0,4972	0,4973	0,4974
2,8	0,4974	0,4975	0,4976	0,4977	0,4977	0,4978	0,4979	0,4979	0,4980	0,4981
2,9	0,4981	0,4982	0,4982	0,4983	0,4984	0,4984	0,4985	0,4985	0,4986	0,4986
3,0	0,4987	0,4987	0,4987	0,4988	0,4988	0,4989	0,4989	0,4989	0,4990	0,4990

Cada casa na Tabela 3.2 dá a proporção sob a curva entre z = 0 e um valor positivo de z. As áreas para os valores de z negativos são obtidas por simetria.

Cada combinação de λ e de S gera uma distribuição normal de probabilidade diferente. A Tabela 3.2 é baseada em uma distribuição normal de probabilidade com λ = 0 e S = 1.

Como é feita a utilização dessa tabela para o cálculo de uma probabilidade? Observe na Figura 3.3 que, no centro da curva, há uma linha vertical que a divide em duas partes exatamente iguais, isto é, do lado direito dessa linha vertical temos 50% da área da curva, e do esquerdo, os outros 50%. A Tabela 3.2 mostra a área abaixo da curva para a parte direita da curva (valores positivos de z). Como a curva é simétrica, o lado esquerdo utiliza a mesma tabela, com todos os valores negativos (valores negativos de z).

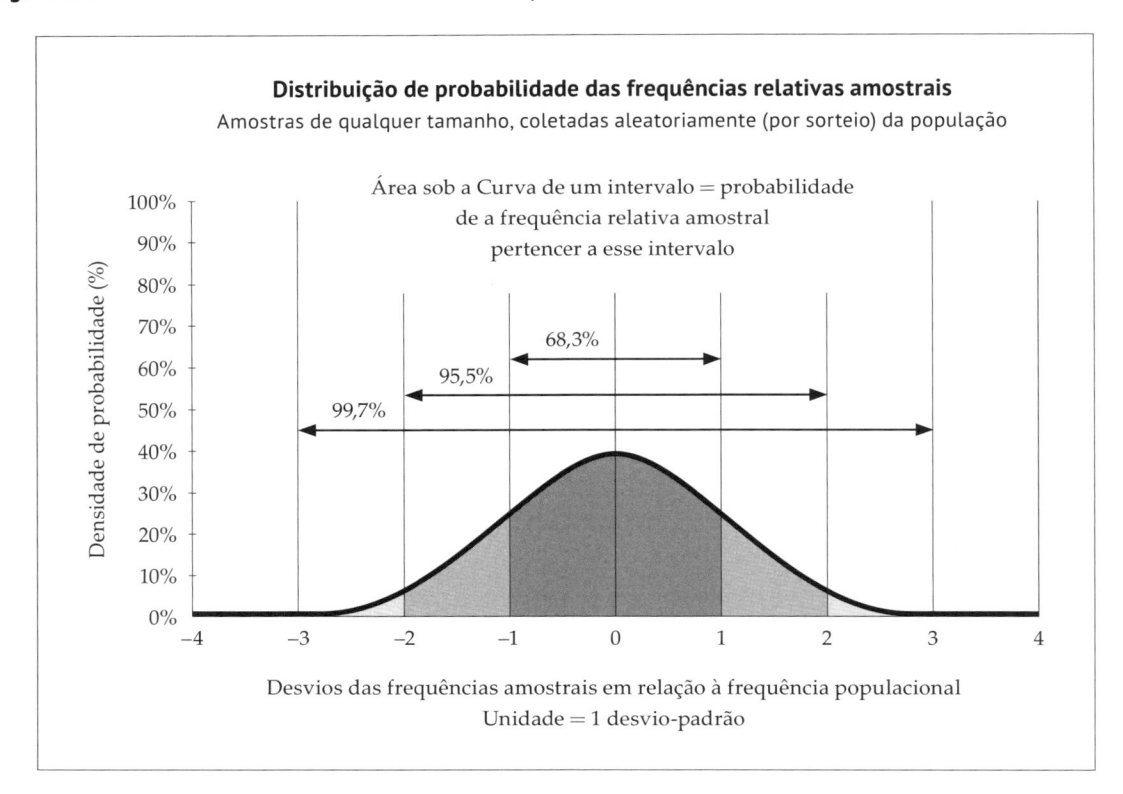

Figura 3.3 – Curva normal com áreas limitadas pelos valores de z

Distribuição de probabilidade das frequências relativas amostrais
Amostras de qualquer tamanho, coletadas aleatoriamente (por sorteio) da população

Área sob a Curva de um intervalo = probabilidade de a frequência relativa amostral pertencer a esse intervalo

68,3%
95,5%
99,7%

Desvios das frequências amostrais em relação à frequência populacional
Unidade = 1 desvio-padrão

O ponto em que $z = 0$ corresponde à média λ; o ponto $z = 1$ corresponde a $\lambda + S$; o ponto $z = 2$ corresponde a $\lambda + 2S$; e assim por diante.

Vamos analisar um exemplo. Os freios de determinado tipo de veículo duram, em média, 30.000 km, com desvio-padrão de 3.000 km. Qual é a probabilidade de os freios de um veículo do mesmo tipo, escolhido aleatoriamente, durarem entre 30.000 km e 36.000 km? O primeiro passo é a transformação dos limites do intervalo da variável aleatória em valores padronizados z. No caso, os limites são 30.000 km e 36.000 km.

Para X = 30.000, temos:

$$z = \frac{30.000 - 30.000}{3.000}$$

$$z = 0,00$$

Para X = 36.000 km, temos:

$$z = \frac{36.000 - 30.000}{3.000}$$

$$z = 2,00$$

Precisamos agora descobrir qual é o percentual da área da curva em que se encontram os valores de z = 0 e z = 2. Vamos analisar a Figura 3.4.

Figura 3.4 – Distribuição da vida útil de freios de um veículo, com média de 30.000 km e desvio-padrão de 3.000 km

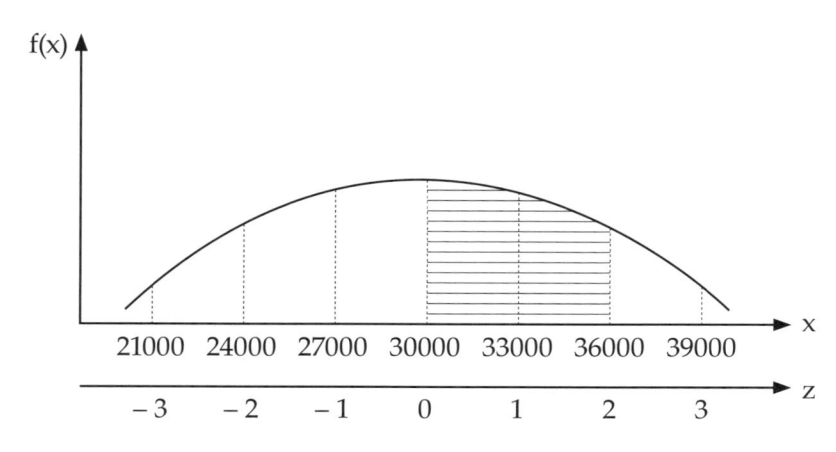

Para tal, devemos consultar a Tabela 3.2, apresentada anteriormente. Verificamos que, quando z = 0, estamos no início da tabela e a área correspondente é zero. Para z = 2, temos na tabela o valor 0,4772, o que significa 47,72% da área da curva; logo, a probabilidade de os freios durarem de 30.000 km a 36.000 km é de 47,72%.

Lembre-se: toda análise na Tabela 3.2 se inicia no ponto em z = 0.

Vamos analisar outro exemplo para aprendermos como utilizar a Tabela 3.2.

Determine as probabilidades de:

a) P(z < 1,58);
b) P(–1,60 < z < 1,40);
c) P(z > 2,10);
d) P(z > 4,5).

Consulte a Tabela 3.2 deste capítulo.

a) Quando z varia de 0 a 1,58, temos 44,29% da área da curva; logo, para z < 1,58, temos 50% + 44,49% = 94,29%.
b) Quando z varia de 0 a –1,60, temos 44,52% da área da curva. Quando z varia de 0 a 1,40, temos 41,92% da área da curva. Então, somando os dois intervalos, temos 86,44%.
c) Quando z varia de 0 a 2,10, temos 48,21% da área da curva. Então, para z > 2,10, temos o que falta para 50%, ou seja, 1,79%.
d) Quando z é igual a 4,5, estamos fora da área da curva-padrão; logo, a probabilidade procurada é zero.

3.7.3.1 Teorema central do limite

Há um importante teorema a ser definido com base na análise da teoria das probabilidades. É o **teorema central do limite**, segundo o qual, quando o tamanho de uma amostra aumenta, a distribuição amostral de sua média aproxima-se cada vez mais de uma distribuição normal.

Quando a população é normal, $\overline{X} \approx n\,(\mu, \sigma)$, a média amostral $\overline{X}$ de amostras de tamanho n tem distribuição também normal com a média μ e desvio-padrão $\sigma/\sqrt{n}$.

> Para uma população não amostral com média μ e com desvio-padrão σ, a distribuição da média amostral X para amostras de tamanho n suficientemente grande é aproximadamente normal com média μ e com desvio-padrão $\sigma/\sqrt{n}$ isto é, $\dfrac{\overline{X} - \mu}{\sigma/\sqrt{n}} \approx N(0,1)$

Fonte: Farias; Soares; César, 2003, p. 139.

Isso se aplica a qualquer variável aleatória, com qualquer distribuição de probabilidade.

Síntese

Apresentamos neste capítulo o que há de mais importante na teoria das probabilidades, começando com os conceitos básicos. Verificamos que uma distribuição de probabilidades é um modelo matemático da distribuição real de frequências e que descreve a probabilidade de uma variável aleatória assumir cada um de seus possíveis valores. Entre as principais distribuições de probabilidade, conhecemos a distribuição binomial (quando os eventos estão sob total controle do observador), a distribuição de Poisson (utilizada quando os eventos não estão sob o controle do observador) e a distribuição normal de probabilidades (utilizada quando desejamos determinar a probabilidade de uma variável ocorrer dentro de um intervalo prefixado de valores).

Além disso, detalhamos com exemplos a utilização do teorema da multiplicação e do teorema da soma e mostramos quando dois eventos são ou não mutuamente exclusivos para a correta aplicação do teorema da soma. A aplicação da teoria das probabilidades em nosso cotidiano é muito grande, seja na própria estatística, seja na física, seja nas engenharias, seja em cálculos atuariais, seja em jogos de azar. Na gestão, é utilizada quando se deseja pôr em prática ideias probabilísticas.

Questões para revisão

1) Três em cada quatro alunos de uma universidade fizeram cursinho antes de prestar vestibular. Se 16 alunos são selecionados ao acaso, qual é a probabilidade de que:
   a. pelo menos 12 tenham feito cursinho?
   b. no máximo 13 tenham feito cursinho?
   c. exatamente 12 tenham feito cursinho?

2) Numa empresa, de cada 100 peças vendidas, 30 são para o Rio de Janeiro. Na venda de seis peças:
   a. qual é a probabilidade de que quatro sejam para o Rio de Janeiro?
   b. qual é a probabilidade de que nenhuma seja para o Rio de Janeiro?
   c. qual é a probabilidade de que no máximo três sejam para o Rio de Janeiro?
   d. qual é a probabilidade de que quatro ou mais sejam para o Rio de Janeiro?

3) Admita que, respectivamente, 90% e 80% dos indivíduos das populações A e B sejam alfabetizados. Se 12 pessoas da população A e 10 da população B forem selecionadas ao acaso, qual é a probabilidade de que pelo menos uma não seja alfabetizada? Que suposições você fez para responder a essa questão?

4) Numa estrada, há dois acidentes para cada 100 km. Qual é a probabilidade de que em:
   a. 250 km ocorram três acidentes?
   b. 300 km ocorram cinco acidentes?

5) Supondo que as notas em certa disciplina estejam normalmente distribuídas com média 5,0 e desvio-padrão 1,5:
   a. determine o percentual de estudantes com nota superior a 8,0;
   b. determine o percentual de estudantes reprovados se a nota mínima para obter aprovação for 3,0;
   c. explique por que a probabilidade de um estudante dessa população obter nota acima de 9,8 é praticamente zero.

6) Suponha que 220 erros de impressão são distribuídos ao acaso em um livro de estatística de 200 páginas, segundo um modelo de distribuição de Poisson. Encontre a probabilidade de que em determinada página contenha:
   a. nenhum erro de impressão;
   b. 1 erro de impressão;
   c. 2 erros de impressão;
   d. 2 ou mais erros de impressão.

7) Um caixa de banco atende 150 clientes por hora. Qual é a probabilidade de que atenda:
   a. nenhum cliente em quatro minutos?
   b. no máximo dois clientes em dois minutos?

8) Sabendo que X tem distribuição normal com média 10 e desvio-padrão 2, determine:
   a. $P(8 < X < 10)$.
   b. $P(9 < X < 12)$.
   c. $P(X < 10)$.
   d. $P(7 < X < 11)$.

9) Considerando que o peso de determinado artigo produzido por uma fábrica seja normalmente distribuído com média de 20 gramas e desvio-padrão de 4 gramas, determine a probabilidade de que uma unidade, selecionada ao acaso, tenha peso:
   a. entre 16 e 22 gramas;
   b. entre 22 e 25 gramas;
   c. maior que 23 gramas.

10) As vendas diárias de um restaurante têm distribuição normal com média igual a 53 unidades monetárias (UM) e desvio-padrão igual a 12 UM. Pergunta-se:
   a. Qual é a probabilidade de as vendas excederem 70 UM em determinado dia?
   b. Esse restaurante deve vender no mínimo 30 UM por dia para não ter prejuízo. Qual é a probabilidade de que, em certo dia, haja prejuízo?

Questões para reflexão

1) São lançados dois dados não viciados. Liste o espaço amostral (todos os resultados possíveis) e calcule a probabilidade de:
   a. obter um par de pontos iguais;
   b. obter um par de pontos em que o primeiro é maior que o segundo;
   c. a soma dos pontos ser 13;
   d. obter soma 10, sabendo que o par de pontos é igual.

2) Um lote de 30 passagens é formado por 20 passagens para Belém, 8 para Manaus e 2 para Natal. Seleciona-se uma passagem ao acaso. Calcule a probabilidade para que:
   a. a passagem seja para Manaus.
   b. a passagem não seja para Belém.
   c. a passagem seja para Belém ou Natal.

3) Num grupo de 300 empresários cadastrados por uma agência de viagens, 100 visitarão Fortaleza e 80, Manaus; o restante visitará outras cidades. Se 30 empresários visitarão as duas cidades, ou seja, tanto Fortaleza como Manaus, calcule a probabilidade de um empresário aleatoriamente escolhido visitar:
a. Fortaleza.
b. Manaus;
c. Fortaleza ou Manaus.

4) Numa caixa existem 20 peças, das quais 14 estão boas e 6 têm pequenos defeitos. Calcule a probabilidade de se selecionarem aleatoriamente duas peças (sem reposição) e estas serem:
a. uma boa e a outra com pequenos defeitos;
b. as duas boas;
c. as duas com pequenos defeitos.

5) Numa fita de som, há um defeito em cada 200 pés. Qual é a probabilidade de que:
a. em 500 pés não aconteça defeito?
b. em 800 pés ocorram pelo menos 3 defeitos?

6) Na fabricação de peças de determinado tecido aparecem defeitos ao acaso, um a cada 250 m. Supondo-se a distribuição de Poisson para os defeitos, qual é a probabilidade de que na produção de 1.000 m:
a. não haja defeito?
b. aconteçam três defeitos?

7) Sabe-se, pela experiência, que 2% das chamadas recebidas por uma telefonista são para números errados. Com a aproximação da distribuição de Poisson da distribuição binomial, determine a probabilidade de três entre 200 chamadas recebidas por ela serem para número errado.

8) Se 0,6% dos detonadores fornecidos a um arsenal são defeituosos, utilize a aproximação da distribuição de Poisson da distribuição binomial para determinar a probabilidade de que, em uma amostra aleatória de 100 detonadores, dois sejam defeituosos.

9) Os registros mostram que há uma probabilidade de 0,0012 de uma pessoa se intoxicar na lanchonete de um parque de diversões. Com a aproximação da distribuição de Poisson da distribuição binomial, determine a probabilidade de que, de 1.000 pessoas que visitam o local, no máximo duas se intoxiquem.

10) Em certa cidade, 3,2% de todos os motoristas habilitados se envolvem em ao menos um acidente de carro em um ano. Com o auxílio da aproximação da distribuição de Poisson da distribuição binomial, determine a probabilidade de que, entre 200 motoristas escolhidos aleatoriamente, exatamente seis se envolvam em ao menos um acidente em um ano.

11) Suponha que o consumo diário de cachaça pelos alcoólatras de certa cidade seja normalmente distribuído com média igual a 320 ml e desvio-padrão igual a 50 ml. Selecionando ao acaso um alcoólatra dessa cidade, determine a probabilidade de que ele tenha consumo diário:
   a. maior que 330 ml;
   b. inferior a 370 ml;
   c. entre 320 e 380 ml.

12) Suponha que a renda familiar de uma comunidade possa ser razoavelmente aproximada por uma distribuição normal com média igual a 15 unidades monetárias (UM) e desvio-padrão igual a 3 UM. Numa amostra de 50 famílias, quantas podemos esperar que tenham renda inferior a 10,5 UM?

Para saber mais

Oferecemos a você que deseja se aprofundar no conhecimento a respeito de probabilidades dicas de materiais – um livro, alguns artigos e vídeos – que vale a pena conhecer e conferir.

Livro

CASTANHEIRA, N. P. **Estatística aplicada a todos os níveis**. 5. ed. Curitiba: Intersaberes, 2010. [Especialmente os Capítulos 7 e 8].

Outros materiais

CAIXETA, R. P. **Distribuição Poisson**. Disponível em: <https://www.youtube.com/watch?v=WgQYIDssjLw>. Acesso em: 3 maio 2016.

CURSO de probabilidade. Teoria elementar. Definição clássica. Disponível em: <https://www.youtube.com/watch?v=xRrEWFBLa6U>. Acesso em: 3 maio 2016.

DISTRIBUIÇÃO binomial. **Matemática didática**. Disponível em: <http://www.matematicadidatica.com.br/ProbabilidadeDistribuicaoBinomial.aspx>. Acesso em: 3 maio 2016.

EXERCÍCIOS resolvidos – Probabilidade. **Matemática didática**. Disponível em: <http://www.matematicadidatica.com.br/ProbabilidadeExercicios.aspx#anchor_ex10>. Acesso em: 3 maio 2016.

INSTITUTO SUPERIOR DE AGRONOMIA. **Exercícios de apoio às aulas práticas da disciplina Estatística (com algumas soluções)**. Disponível em: <http://www.isa.utl.pt/dm/estat/05-06/exerprob.pdf>. Acesso em: 3 maio 2016.

LAGE, Z. H. P. **Estatística** – distribuição binomial. Disponível em: <https://www.youtube.com/watch?v=4-XXKHSLQqQ>. Acesso em: 3 maio 2016.

Conteúdos do capítulo:
- Correlação e regressão.
- Reta de regressão.
- Diagrama de dispersão.
- Equação da reta de regressão.
- Coeficiente de correlação de Pearson.

Após o estudo deste capítulo, você será capaz de:
1. conceituar correlação e regressão;
2. conceituar reta de regressão;
3. desenhar o diagrama de dispersão;
4. estabelecer e aplicar a equação de uma reta de regressão;
5. calcular e interpretar o coeficiente de correlação de Pearson.

4
Métodos quantitativos

Os métodos quantitativos são caracterizados pelo emprego da quantificação tanto nas modalidades de coleta de informações quanto no tratamento delas por meio de técnicas estatísticas: percentual, média, desvio-padrão, coeficiente de correlação, análise de regressão, entre outras. É sobre isso que vamos tratar neste capítulo.

Na maioria das vezes, estudamos duas variáveis aleatórias – uma independente e outra dependente – na tentativa de saber se existe entre elas uma relação. Entretanto, em algumas situações, mais de duas variáveis aleatórias estão envolvidas no mesmo problema, e estamos interessados em saber como elas se inter-relacionam. O grau de relacionamento existente entre essas duas variáveis denominamos *correlação*. A sequência de estudos que faremos a partir de agora está ilustrada na Figura 4.1.

Figura 4.1 – Sequência dos assuntos a estudar em métodos quantitativos

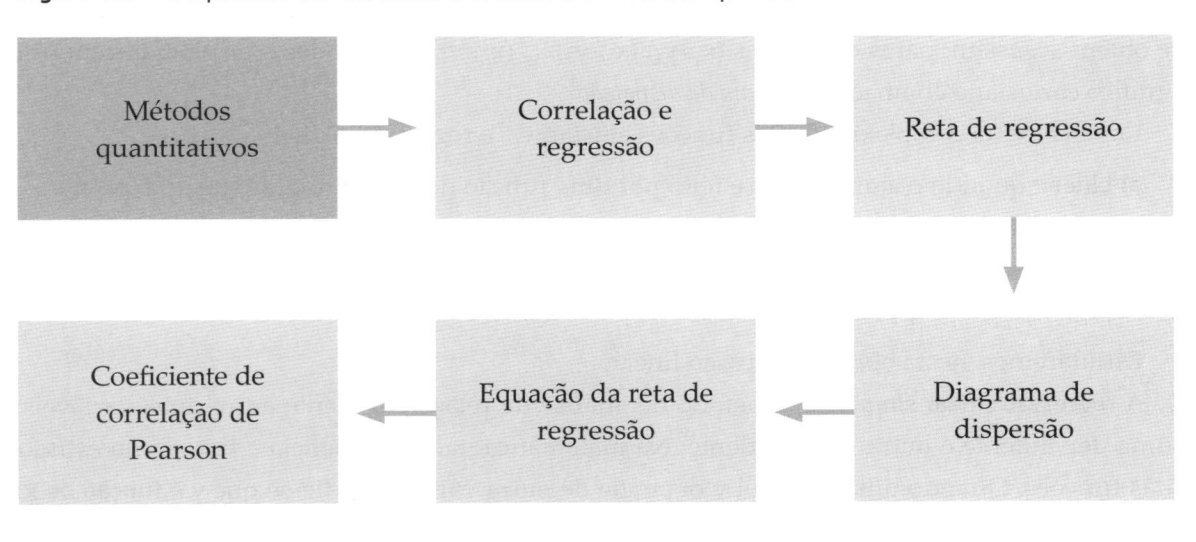

Métodos quantitativos → Correlação e regressão → Reta de regressão → Diagrama de dispersão → Equação da reta de regressão → Coeficiente de correlação de Pearson

4.1 Problematização

Então, quando surge um problema de correlação? Quando o pesquisador está interessado, por exemplo, em saber se há alguma relação entre o fumo e o câncer do pulmão, entre a sensibilidade para a música e a vocação para a matemática, entre a beleza e a inteligência, entre o peso e a altura dos bebês, entre o volume de vendas de um produto e seu preço, entre a alimentação da criança e seu aproveitamento escolar, entre a cotação do dólar e o volume de viagens ao exterior, e assim por diante.

E como devemos proceder para estimar a condicional (valor esperado) de uma variável y, dados os valores das variáveis x? Para tal, utiliza-se a regressão.

Mas o que significa, para a estatística, o termo *regressão*? É o que veremos a seguir.

4.2 Regressão

Regressão é o método de análise da relação existente entre duas variáveis: uma dependente e uma independente. E qual é a utilidade em determinar a relação entre duas variáveis? Primeiramente, podemos afirmar que serve para realizar previsões do comportamento futuro de algum fenômeno de nosso interesse, baseando-nos em dados históricos sobre ele.

Em segundo lugar, pesquisadores interessados em simular os efeitos sobre uma variável y em decorrência de alterações introduzidas nos valores de uma variável x também usam esse modelo. Por exemplo: de que modo a produtividade (y) de uma área agrícola é alterada quando se aplica certa quantidade (x) de fertilizante sobre a terra? Nesse caso, o pesquisador seleciona "n" pedaços de terra $x_1, x_2, x_3, \ldots x_n$, aos quais são aplicadas quantidades definidas de fertilizante. Em seguida, medem-se as quantidades colhidas em cada pedaço de terra $y_1, y_2, y_3, \ldots y_n$ e obtêm-se, assim, pares de valores $(x_1, y_1) (x_2, y_2), \ldots (x_n, y_n)$, que podem ser plotados em um gráfico cartesiano chamado *diagrama de dispersão*[1].

Em termos da complexidade das funções ajustantes, a regressão é dita:

a) **Linear**: quando o ajustamento é feito por uma função do primeiro grau, ou seja, pela equação de uma reta;

b) **Não linear**: quando o ajustamento é feito por uma função de grau superior a um, ou seja, pela equação exponencial, geométrica, parábola etc.

Estudaremos, nesta obra, a regressão linear.

A **regressão linear simples** é o método de análise da relação existente entre duas variáveis: uma dependente e outra independente. Na matemática, tal dependência é tratada no estudo das funções. Quando uma variável y depende de outra variável x, diz-se que **y é função de x**; na estatística, dizemos **regressão de y sobre x**.

Por que o termo *linear*? Porque estamos lidando com uma função do primeiro grau, cuja representação é uma reta. Por que *simples*? Porque, além de tratar-se de uma relação de fácil compreensão, é um modelo aplicado a dados cuja dispersão é constante e em que temos apenas uma variável independente. A outra variável, a que está sendo calculada, é a dependente.

---

1 Trataremos sobre o diagrama de dispersão mais à frente, na Seção 4.4.

A regressão linear simples é normalmente utilizada para estudar a relação existente entre variáveis, com o propósito de fazer previsões com base nos resultados obtidos nelas.

Assim, se conhecemos a correlação entre a colheita de soja baseados na quantidade de agrotóxicos aplicada na plantação, podemos estabelecer uma equação que nos permita prever a colheita esperada na próxima safra levando em conta a quantidade de agrotóxicos que se pretende utilizar.

4.3 Correlação

Seja y uma variável que nos interessa estudar (a variável dependente) e cujo comportamento futuro desejamos prever. É fácil identificarmos uma série de variáveis independentes x_i (x_1, x_2, x_3, ..., xn) que influenciam o comportamento de y, a variável dependente do modelo.

A correlação pode ser classificada segundo o número de variáveis envolvidas e a complexidade das funções ajustantes. Assim, em termos do número de variáveis envolvidas, ela é dita:

a) **Simples**: quando forem consideradas a variável dependente e uma única variável independente;
b) **Múltipla**: quando considerada mais de uma variável independente; pode ser total, quando considerado o efeito de todas as variáveis simultaneamente, ou parcial, quando uma ou mais das variáveis independentes puder ser controlada ou suposta constante.

4.4 Diagrama de dispersão

Como se chega à relação entre as variáveis x e y por meio da análise de regressão? Vamos averiguar o exemplo a seguir para obtermos a resposta. Para estudar a relação entre duas variáveis, consideremos os dados da Tabela 4.1, que consiste no consumo de *pizzas* durante um mês em dez diferentes bairros de uma cidade e na renda média dos consumidores. Observe que, para não trabalharmos com números muito grandes, a variável "renda" foi designada em unidades monetárias (UM) e a variável *"pizza"*, dividida por 100 nas colunas da Tabela 4.1. Assim, por exemplo, sabemos que no bairro A a renda média desse consumidores é de R$ 900,00 e que a quantidade média de *pizzas* vendidas mensalmente nessa pizzaria é de 4 mil.

Tabela 4.1 – Renda × consumo de *pizza* durante um mês em dez bairros de uma cidade

Bairro	Renda – UM	*Pizzas* vendidas por mês (×100)
A	9	40
B	8	38
C	12	55
D	6	27
E	11	53
F	7	33
G	4	20
H	13	60
I	5	25
J	10	46

Inicialmente, precisamos traçar o diagrama de dispersão correspondente à Tabela 4.1 no intuito de verificar se entre as variáveis envolvidas existe uma relação linear. Vamos ver o que isso significa.

A investigação da relação de duas variáveis, tais como estas, usualmente começa com uma tentativa em descobrir a forma aproximada dela, representando-se graficamente os dados como pontos no plano (x, y). Tal gráfico é chamado de **diagrama de dispersão**. Por intermédio da análise, inicialmente visual, do diagrama, podemos imediatamente constatar se existe alguma relação entre as variáveis envolvidas e, em caso positivo, se pode ser tratada como aproximadamente linear. O diagrama de dispersão para os dez pontos obtidos dos dados da Tabela 4.1 é mostrado no Gráfico 4.1.

Observe que há uma tendência para os pequenos valores de x se associarem aos pequenos valores de y e os grandes valores de x se associarem aos grandes valores de y. Além disso, grosseiramente falando, a tendência geral da dispersão é a de uma linha reta. Para variáveis como essas, seria desejável medir de alguma forma o grau em que elas estão linearmente relacionadas.

Atenção! Antes de iniciar a construção do gráfico, você deve verificar qual é a variável independente (x) e a dependente (y). Faça a seguinte associação: y = f (x) (lê-se *y é função de x*). Em outras palavras, y depende de x; logo, y é a variável dependente. Por exclusão, x é a variável independente.

E daí? A variável dependente é a renda familiar ou são as *pizzas*? Agora entra seu bom senso. A quantidade de *pizzas* consumidas depende da renda de quem as consome ou a renda dos consumidores depende das *pizzas* que comem? Verificamos com facilidade que a quantidade de *pizzas* depende da renda. Então, a variável dependente (nosso y) é a quantidade de *pizzas*, ao passo que a renda (nosso x) é a variável independente.

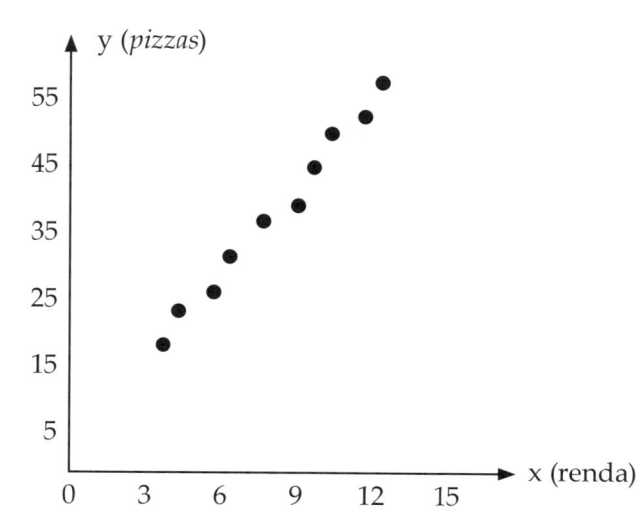

Gráfico 4.1 – Diagrama de dispersão para os dados da Tabela 4.1

Note que, inicialmente, a relação existente entre as variáveis x e y é linear, pois conseguimos imaginar uma reta que passa pela maioria dos pontos do diagrama de dispersão. Quanto maior o número de variáveis explicativas, mais completo será o modelo; consequentemente, sua solução será também mais difícil e mais complexa. Em razão disso, limitaremos nossa exposição ao caso em que apenas duas variáveis intervêm no modelo: a variável dependente y e a variável independente x. Apresentaremos apenas o estudo da função linear (ajustamento de uma reta), isto é, o modelo **y = M · x + B**, em que **M** e **B** são os parâmetros da função. Recordemos que **B** é o ponto onde a reta intercepta o eixo y (eixo das ordenadas), por isso é denominado *intercepto y*, e **M** é a tangente do ângulo que a reta forma com o eixo x (eixo das abscissas), por isso é denominado *coeficiente angular* (M = tg α). O Gráfico 4.2 ilustra isso com clareza.

Gráfico 4.2 – Representação de uma reta com seu intercepto y

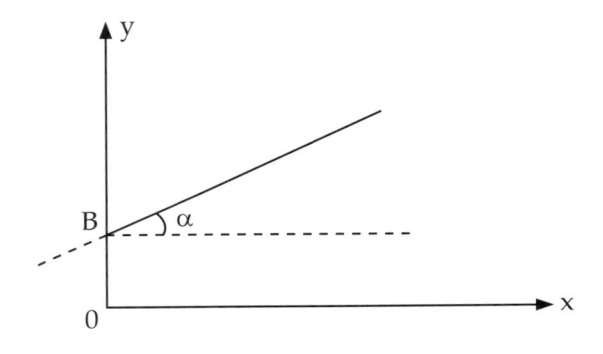

4.5 Reta de regressão

A análise de regressão é um método estatístico que permite estudar conjuntamente o efeito de diversos fatores medidos por meio de variáveis chamadas **variáveis explicativas**, sobre determinado fenômeno, medido por outra variável, denominada **variável explicada**. Sua utilização é muito frequente em estudos nas mais diversas áreas, tais como administração, economia, engenharia, sociologia, biologia e medicina, entre outras. Para que a regressão possa ser útil, é necessário saber construir um modelo, estimar seus parâmetros com base nos dados relativos às variáveis e interpretar os resultados.

O objetivo da análise de regressão simples é aproximar por uma linha reta um conjunto de pontos. No caso das vendas de *pizzas* (ver Tabela 4.1 e Gráfico 4.1), não podemos traçar uma reta que passe por todos os pontos, mas podemos determinar aquela que passa perto da maioria deles. Esse tipo de reta é chamado de *reta de regressão*, conforme mostra o Gráfico 4.3.

Gráfico 4.3 – Reta de regressão obtida com base nos dados da Tabela 4.1

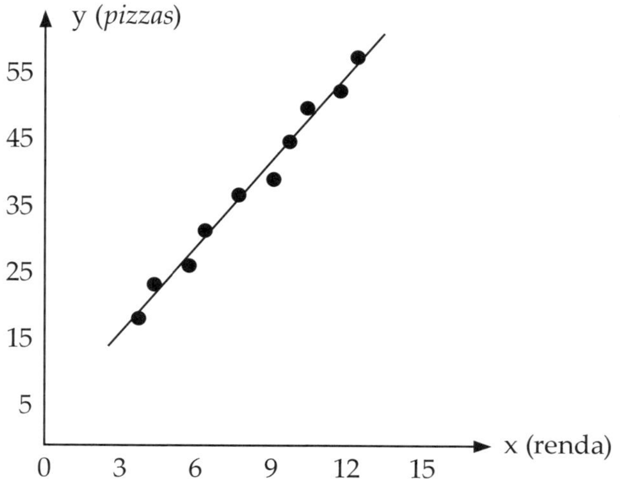

Esse gráfico ilustra a situação geral. Representaremos por x a variável independente, que se disporá ao longo do eixo horizontal, e por y a variável dependente, isto é, que depende de x, ao longo do eixo vertical. No exemplo das *pizzas*, já vimos que a renda é a variável independente (medida ao longo do eixo horizontal) e que as vendas de *pizzas* representam a variável dependente (medida ao longo do eixo vertical).

Suponha que tenhamos quatro observações quaisquer. Então, o diagrama de dispersão representado no Gráfico 4.3 contém quatro pontos que designaremos E, F, G e H, com coordenadas (x_1, y_1), (x_2, y_2), (x_3, y_3) e (x_4, y_4), respectivamente. Qualquer reta fica definida por dois valores: o coeficiente angular e o intercepto y – representaremos o primeiro por **M** e o segundo por **B**. Podemos escrever a equação da reta como:

y = M · x + B

Para o cálculo do coeficiente angular, utilizamos a seguinte fórmula:

M = ($\overline{X} \cdot \overline{Y} - \overline{X \cdot Y}$) : [$\overline{X^2} - (\overline{X})^2$]

Conhecido M, podemos calcular B:

B = $\overline{Y}$ − M · $\overline{X}$

Estamos agora em condições de calcular o coeficiente angular e o intercepto para o exemplo das *pizzas*. Admitiremos que as vendas das *pizzas* dependem da renda e, assim, esta será nossa variável independente (X), ao passo que as vendas das *pizzas* serão a variável dependente (Y). Devemos calcular X, Y, X^2 e X · Y. Veja o cálculo na Tabela 4.2.

Tabela 4.2 – Cálculo das médias de X, Y, X² e X · Y com base nos dados da Tabela 4.1

X	Y	X²	X · Y
9	40	81	360
8	38	64	304
12	55	144	660
6	27	36	162
11	53	121	583
7	33	49	231
4	20	16	80
13	60	169	780
5	25	25	125
10	46	100	460
∑ = 85	397	805	3.745

Vamos, então, calcular as médias:

$$\overline{X} = \frac{\sum X}{n}$$

$$\overline{X} = \frac{85}{10} = 8,5$$

$$\overline{Y} = \frac{\sum Y}{n}$$

$$\overline{Y} = \frac{397}{10} = 39,7$$

$$\overline{X^2} = \frac{\sum X^2}{N}$$

$$\overline{X^2} = \frac{805}{10} = 80,5$$

$$\overline{X \cdot Y} = \frac{\sum X \cdot Y}{n}$$

$$\overline{X \cdot Y} = \frac{3.745}{10} = 374,5$$

Resumindo:

$$\overline{X} = 8,5$$

$$\overline{Y} = 39,7$$

$$\overline{X^2} = 80,5$$

$$\overline{X \cdot Y} = 374,5$$

Podemos, então, calcular M e B:

$$M = (\overline{X \cdot Y} - \overline{X} \cdot \overline{Y}) : [\overline{X^2} - (\overline{X})^2]$$

$$M = \frac{374,5 - 8,5 \cdot 39,7}{80,5 - (8,5)^2}$$

$$M = \frac{374,5 - 337,45}{80,5 - 72,25}$$

$$M = \frac{37,05}{8,25} = 4,49$$

$$B = \overline{Y} - M \cdot \overline{X}$$
$$B = 39,7 - 4,49 \cdot 8,5$$
$$B = 1,535$$

Assim, a equação da reta de regressão é:

$$y = 4,49 \cdot x + 1,535$$

Ótimo! Você acaba de determinar a equação da reta que representa a correlação entre as variáveis renda e venda das *pizzas*. Agora, vamos ver para que serve isso. Suponhamos que você resida na localidade onde foi feita a pesquisa e que pretenda abrir uma pizzaria em um bairro em que a renda média dos moradores é de 18 UM. Sua pizzaria deverá ser dimensionada para vender quantas *pizzas* mensalmente?

Para o caso da renda igual a 18 UM, temos que x vale 18. Qual é o valor de y?

$$y = 4,49 \cdot x + 1,535$$
$$y = 4,49 \cdot 18 + 1,535$$
$$y = 82,36$$

Como esse resultado está dividido por 100, temos que a pizzaria deve ser preparada para atender a uma demanda de 8.236 *pizzas* ao mês, ou seja, $82,36 \cdot 100 = 8.236$.

4.6 Coeficiente de correlação de Pearson

Para avaliar o grau de correlação linear entre duas variáveis, ou seja, medir o grau de ajustamento dos valores em torno de uma reta, usaremos o coeficiente introduzido por Karl Pearson, o qual chamaremos de **r**, e que é dado pela fórmula:

$$r = \frac{n \cdot \sum X \cdot Y - \sum X \cdot \sum Y}{\sqrt{[n \cdot \sum X^2 - (\sum X^2)][n \cdot \sum Y^2 - (\sum Y)^2]}}$$

Em que **n** é o número de observações.

Podemos demonstrar que o valor do coeficiente de correlação r sempre deverá estar entre − 1 e + 1. Geralmente multiplicamos o valor encontrado por 100%, dando a resposta em porcentagem. Acompanhe os Gráficos 4.4 a 4.10, que ilustram essa correlação.

Gráfico 4.4 – Correlação linear perfeita (positiva)

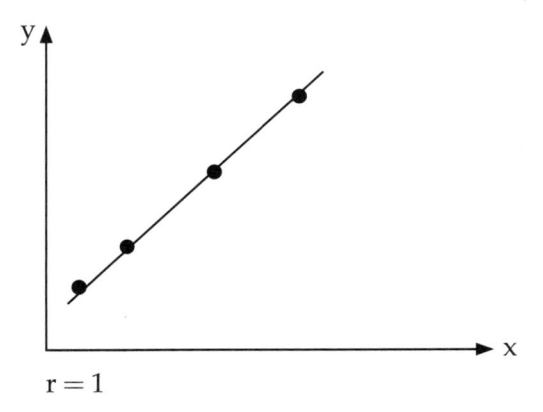

Gráfico 4.5 – Forte correlação positiva

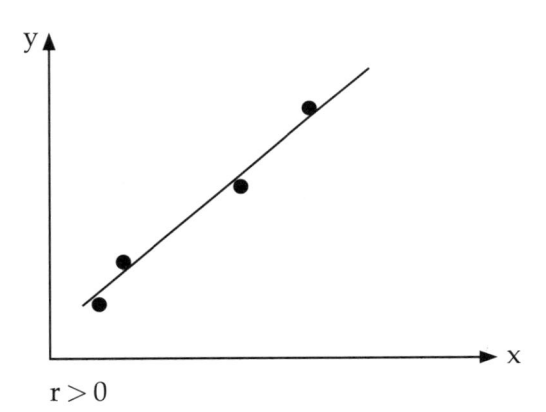

Gráfico 4.6 – Fraca correlação positiva

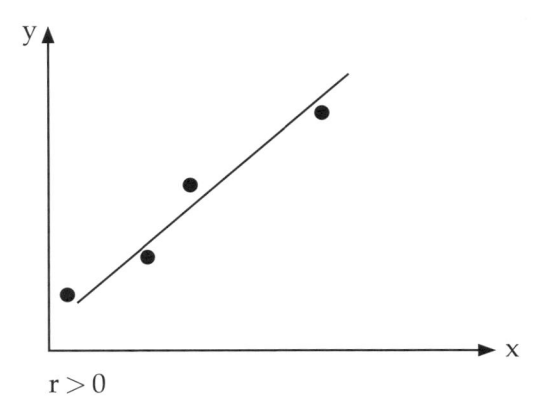

Gráfico 4.7 – Correlação linear perfeita (negativa)

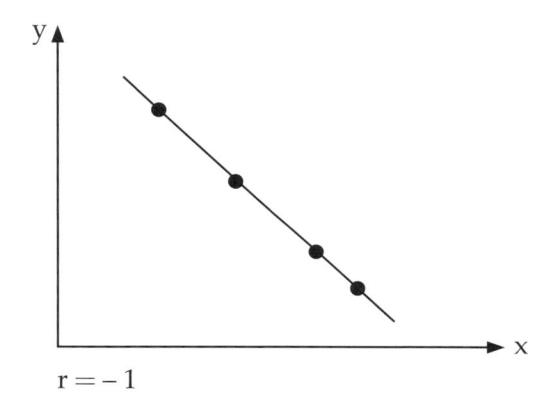

Gráfico 4.8 – Forte correlação negativa

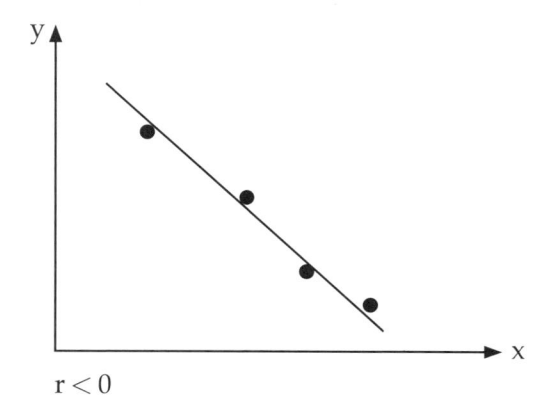

Gráfico 4.9 – Fraca correlação negativa

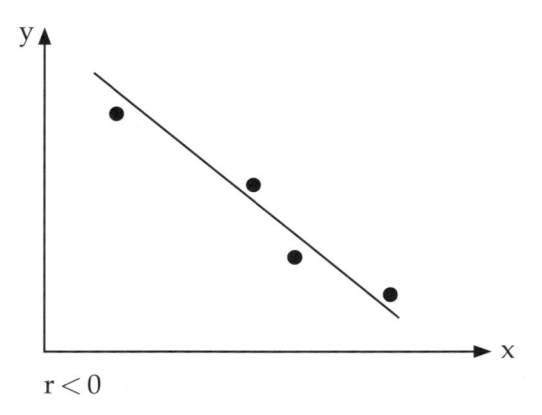

(gráfico com pontos dispersos em tendência decrescente, r < 0)

Gráfico 4.10 – Ausência de correlação linear

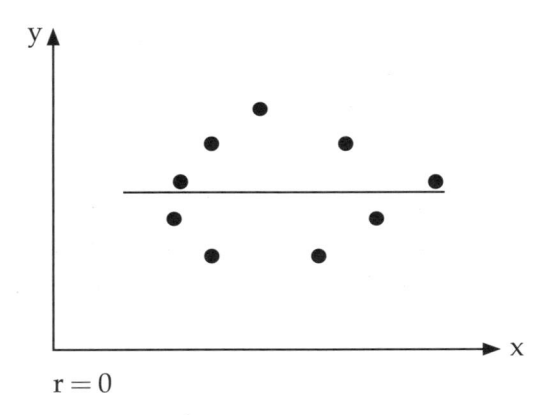

(gráfico com pontos dispersos sem tendência, r = 0)

É importante observar que a correlação será tanto mais forte quanto mais próximo estiver o resultado de ± 1 e será tanto mais fraca quanto mais próximo estiver do zero. Entretanto, quando **r = 0**, não significa dizer que entre **x** e **y** não existe qualquer relação, mas que não existe entre essas variáveis uma relação linear.

O coeficiente de correlação **r**, portanto, mede a intensidade da relação linear entre as variáveis **x** e **y**, o que não implica que uma delas tenha efeito direto ou indireto sobre a outra. Pode acontecer de **x** e **y** estarem sendo influenciadas por outra(s) variável(eis) e, em consequência, estabelecer-se entre elas uma relação matemática.

Por exemplo, suponhamos que o coeficiente de correlação entre a produção automobilística no Brasil e a exportação de automóveis seja igual a 0,97. No mesmo período, observou-se grande alta na cotação do dólar, o que motivou o aumento das exportações e, consequentemente, da produção. Logo, a alta correlação entre produção e exportação de automóveis é um reflexo de uma terceira variável: o preço do dólar. Observe que **r** é um número adimensional, não dependendo, portanto, das unidades de medida das variáveis **x** e **y**.

Vamos, agora, analisar um exemplo para verificar a utilidade do coeficiente de correlação de Pearson. Em oito cidades brasileiras, foi feita uma pesquisa para saber se as pessoas que morriam de câncer de pulmão eram fumantes ou não. Obtiveram-se, durante o período da pesquisa, os dados que estão apontados na Tabela 4.3.

Tabela 4.3 – Número de fumantes × número de mortes por câncer de pulmão (1)

Cidade	N. de mortes por câncer de pulmão	N. de fumantes entre os mortos por câncer de pulmão
A	12	9
B	27	20
C	14	10
D	18	15
E	31	24
F	24	19
G	35	30
H	10	8

Com base no que temos, vamos determinar o coeficiente de correlação de Pearson entre essas variáveis. Qual é nossa variável dependente? A morte depende de quem fuma ou quem fuma depende da morte? É fácil verificar que a morte depende de quem fuma; isso significa que o número de mortes é a variável dependente (y) e, em consequência, o número de fumantes é a independente (x).

Vamos montar a Tabela 4.4 para a determinação dos valores a utilizar na fórmula de **r**.

Tabela 4.4 – Número de fumantes × número de mortes por câncer de pulmão (2)

X	Y	X · Y	X^2	Y^2
9	12	108	81	144
20	27	540	400	729
10	14	140	100	196
15	18	270	225	324
24	31	744	576	961
19	24	456	361	576
30	35	1.050	900	1.225
8	10	80	64	100
∑ = 135	171	3.388	2.707	4.255

Vamos agora substituir os valores na fórmula:

$$r = \frac{n \cdot \sum X \cdot Y - \sum X \cdot \sum Y}{\sqrt{[n \cdot \sum X^2 - (\sum X^2)][n \cdot \sum Y^2 - (\sum Y)^2]}}$$

Lembre-se de que a pesquisa foi feita em oito cidades. Logo, n = 8.

$$r = \frac{8 \cdot 3.388 - 135 \cdot 171}{\sqrt{[8 \cdot 2.707 - 135^2][8 \cdot 4.255 - 171^2]}}$$

$$r = \frac{27.104 - 23.085}{\sqrt{[21.656 - 18.225][34.040 - 29.241]}}$$

$$r = \frac{4.019}{\sqrt{3.431 \cdot 4.799}}$$

$$r = \frac{4.019}{4.057,75} = 0,99$$

Verificamos, portanto, que há forte correlação entre o câncer de pulmão como *causa mortis* e a quantidade de fumantes que morreram com tal doença. Há, no exemplo, 99% de chance de uma pessoa morrer com câncer no pulmão em consequência do ato de fumar. Lembramos que esses dados são fictícios.

4.7 Correlação e regressão linear múltipla

Até agora estudamos a regressão e a correlação linear simples – como já vimos, *linear* porque os fenômenos analisados podem ser explicados por equações do primeiro grau (uma reta), e *simples* porque é suficiente uma variável independente para esclarecer o fenômeno. Entretanto, há fenômenos que só são razoavelmente bem explicados por mais de uma variável independente; nesse caso, a regressão e a correlação são **múltiplas**.

Temos ainda o caso daqueles que não ficam bem explicados por equações do primeiro grau, sendo necessária a utilização de funções de grau superior; trata-se da situação em que a regressão e a correlação são **não lineares**.

De modo geral, os métodos de regressão e correlação múltiplas são extensões daqueles utilizados na regressão e correlação simples. Então, quando uma variável dependente está simultaneamente correlacionada a mais de uma variável independente, a análise será efetuada pela fórmula:

$$y = M_1 \cdot x_1 + M_2 \cdot x_2 + \ldots + M_n \cdot x_n + B$$

Em que:
- y é a variável dependente;
- $M_{1,2,\ldots,n}$ são os coeficientes de regressão;
- $x_{1,2,\ldots,n}$ são as variáveis independentes;
- B é o múltiplo intercepto.

Observe que pode ocorrer de estarmos preocupados com a correlação entre duas variáveis em particular e, com isso, supomos que as demais variáveis são constantes. A esse caso particular damos o nome de *correlação parcial*.

Você lembra que analisamos o consumo de *pizzas* baseado na renda dos consumidores, certo? Entretanto, outras variáveis devem ser levadas em consideração, tal como o preço das *pizzas*. Nesse caso, as variáveis independentes são duas: a renda e o preço.

A regressão linear múltipla nos fornece dados mais precisos que a regressão linear simples, no entanto, exige o conhecimento de funções mais complexas e, consequentemente, mais trabalhosas. Sua aplicação, na prática, requer que recorramos a computadores.

De todo modo, vamos a alguns exemplos resolvidos com a aplicação de fórmulas. Já vimos que o modelo de regressão linear múltipla é dado por:

$$y = M_1 \cdot x_1 + M_2 \cdot x_2 + \ldots + M_n \cdot x_n + B$$

Os parâmetros dessa fórmula são determinados pelas expressões:

$$B = \overline{Y} - M_1 \cdot \overline{X}_1 - M_2 \cdot \overline{X}_2$$

$$M_2 = \frac{\dfrac{S_{y2}}{S_{12}} - \dfrac{S_{y1}}{S_{11}}}{\dfrac{S_{22}}{S_{12}} - \dfrac{S_{12}}{S_{11}}}$$

$$M_1 = \frac{S_{y2}}{S_{12}} - \frac{S_{22}}{S_{12}} \cdot M_2$$

Em que:

- S_{y1} é a covariância de y em X_1 e vale:

$$S_{y1} = \Sigma Y \cdot X_1 - \frac{\Sigma Y \cdot \Sigma X_1}{n}$$

- S_{y2} é a covariância de y em X_2 e vale:

$$S_{y2} = \Sigma Y \cdot X_2 - \frac{\Sigma Y \cdot \Sigma X_2}{n}$$

- S_{12} é a covariância de X_1 em X_2 e vale:

$$S_{12} = \Sigma X_1 \cdot X_2 - \frac{\Sigma X_1 \cdot \Sigma X_2}{n}$$

- S_{11} é a variância de X_1 e vale:

$$S_{11} = \sum X_1^2 - \frac{(\sum X_1)^2}{n}$$

- S_{22} é a variância de X_2 e vale:

$$S_{22} = \sum X_2^2 - \frac{(\sum X_2)^2}{n}$$

4.8 Coeficiente de correlação para regressão linear múltipla

Aqui também **r** está entre -1 e $+1$, com os extremos indicando um ajuste perfeito dos dados e o centro, $r = 0$, mostrando que a função é incompatível com os dados.

O coeficiente de correlação é muito importante para os ajustamentos por funções múltiplas porque é dificílimo construir um diagrama de dispersão que mostre o comportamento dos dados.

Para a determinação desse coeficiente, necessitamos da fórmula:

$$r = \sqrt{\frac{M_1 \cdot S_{y1} + M_2 \cdot S_{y2}}{S_{yy}}}$$

Em que S_{yy} é a variância de Y e vale:

$$S_{yy} = \sum Y^2 - \frac{(\sum Y)^2}{n}$$

Vamos analisar exemplos resolvidos para fixar os conceitos anteriores. Uma empresa está preocupada em adequar os salários de seus empregados em valores compatíveis com o grau de instrução e o nível de supervisão deles. Baseando-se nos dados da Tabela 4.5, estabeleceremos o modelo de regressão linear múltipla e verificaremos quais empregados deverão ter os salários aumentados.

Tabela 4.5 – Cargos dos empregados de uma empresa, com grau de instrução mínimo exigido

Cargo	Salário (×100)	Grau de instrução	Nível de supervisão
A) Gerente de divisão	42	4	4
B) Gerente de produção	28	4	3
C) Operador de torno	9	3	1
D) Chefe de almoxarifado	10	3	1
E) Projetista	18	3	3
F) *Office boy*	8	1	0
G) Assistente social	15	4	2
H) Psicólogo	18	4	2
I) Diretor financeiro	50	5	4
J) Contador	12	2	0

Como o salário depende tanto do grau de instrução quanto do nível de supervisão ocupado pelo empregado, o salário é a variável dependente (Y) e as demais são as variáveis independentes (X_1 e X_2). Para determinar os parâmetros, é necessário, inicialmente, elaborar a Tabela 4.6.

Tabela 4.6 – Cálculo dos somatórios para a determinação dos parâmetros

Cargo	Y	X_1	X_2	$Y \cdot X_1$	$Y \cdot X_2$	$X_1 \cdot X_2$	X_1^2	X_2^2
A	42	4	4	168	168	16	16	16
B	28	4	3	112	84	12	16	9
C	9	3	1	27	9	3	9	1
D	10	3	1	30	10	3	9	1
E	18	3	3	54	54	9	9	9
F	8	1	0	8	0	0	1	0
G	15	4	2	60	30	8	16	4
H	18	4	2	72	36	8	16	4
I	50	5	4	250	200	20	25	16
J	12	2	0	24	0	0	4	0
Σ	210	33	20	805	591	79	121	60

Para os cálculos dos parâmetros, utilizamos quatro casas após a vírgula.

$$S_{y1} = \sum Y \cdot X_1 - \frac{\sum Y \cdot \sum X_1}{n}$$

$$S_{y1} = 805 - \frac{210 \cdot 33}{10} = 112$$

$$S_{y2} = \sum Y \cdot X_2 - \frac{\sum Y \cdot \sum X_2}{n}$$

$$S_{y2} = 591 - \frac{210 \cdot 20}{10} = 171$$

$$S_{12} = \sum X_1 \cdot X_2 - \frac{\sum X_1 \cdot \sum X_2}{n}$$

$$S_{12} = 79 - \frac{33 \cdot 20}{10} = 13$$

$$S_{11} = \sum X_1^2 - \frac{(\sum X_1)^2}{n}$$

$$S_{11} = 121 - \frac{33^2}{10} = 12{,}1$$

$$S_{22} = \sum X_2^2 - \frac{(\sum X_2)^2}{n}$$

$$S_{22} = 60 - \frac{20^2}{10} = 20$$

$$\overline{Y} = \frac{210}{10} = 21$$

$$\overline{X}_1 = \frac{33}{10} = 3{,}3$$

$$\overline{X}_2 = \frac{20}{10} = 2$$

$$M_2 = \frac{\dfrac{S_{y2}}{S_{12}} - \dfrac{S_{y1}}{S_{11}}}{\dfrac{S_{22}}{S_{12}} - \dfrac{S_{12}}{S_{11}}}$$

$$M_2 = \frac{\dfrac{171}{13} - \dfrac{112}{12{,}1}}{\dfrac{20}{13} - \dfrac{13}{12{,}1}}$$

$$M_2 = \frac{13{,}1538 - 9{,}2562}{1{,}5385 - 1{,}0744}$$

$$M_2 = \frac{3{,}8976}{0{,}4641} = 8{,}3982$$

$$M_1 = \frac{S_{y2}}{S_{12}} - \frac{S_{22}}{S_{12}} \cdot M_2$$

$$M_1 = \frac{171}{13} - \frac{20}{13} \cdot 8{,}3982$$

$M_1 = 13{,}1538 - 1{,}5385 \cdot 8{,}3982$

$M_1 = 0{,}2332$

$B = \overline{Y} - M_1 \cdot \overline{X}_1 - M_2 \cdot \overline{X}_2$

$B = 21 - 0{,}2332 \cdot 3{,}3 - 8{,}3982 \cdot 2$

$B = 21 - 0{,}7696 - 16{,}7964$

$B = 3{,}434$

Então, a equação procurada é:

$y = M_1 \cdot x_1 + M_2 \cdot x_2 + B$
$y = 0{,}2332 \cdot x_1 + 8{,}3982 \cdot x_2 + 3{,}434$

Precisamos, agora, verificar quais empregados deverão ter os salários aumentados. Para tal, substituímos nessa última fórmula os dados constantes na Tabela 4.5.

Empregado A:

$y = 0{,}2332 \cdot 4 + 8{,}3982 \cdot 4 + 3{,}434$
$y = 37{,}9596$ UM (unidades monetárias)

Como o valor encontrado é menor que 42, esse empregado deve permanecer com o mesmo salário.

Empregado B:

$y = 0{,}2332 \cdot 4 + 8{,}3982 \cdot 3 + 3{,}434$
$y = 29{,}5614 \text{ UM}$

Como o valor encontrado é maior que 28, ele deverá ter o salário aumentado.

Empregado C:

$y = 0{,}2332 \cdot 3 + 8{,}3982 \cdot 1 + 3{,}434$
$y = 12{,}5318 \text{ UM}$

Como o valor encontrado é maior que 9, ele deverá ter o salário aumentado.

Empregado D:

$y = 0{,}2332 \cdot 3 + 8{,}3982 \cdot 1 + 3{,}434$
$y = 12{,}5318 \text{ UM}$

Como o valor encontrado é maior que 10, ele deverá ter o salário aumentado.

Empregado E:

$y = 0{,}2332 \cdot 3 + 8{,}3982 \cdot 3 + 3{,}434$
$y = 29{,}3282 \text{ UM}$

Como o valor encontrado é maior que 18, ele deverá ter o salário aumentado.

Empregado F:

$y = 0{,}2332 \cdot 1 + 8{,}3982 \cdot 0 + 3{,}434$
$y = 3{,}6672 \text{ UM}$

Como o valor encontrado é menor que 8, ele deverá permanecer com o mesmo salário.

Empregado G:

$y = 0{,}2332 \cdot 4 + 8{,}3982 \cdot 2 + 3{,}434$
$y = 21{,}1632 \text{ UM}$

Como o valor encontrado é maior que 15, ele deverá ter o salário aumentado.

Empregado H:

$y = 0{,}2332 \cdot 4 + 8{,}3982 \cdot 2 + 3{,}434$
$y = 21{,}1632 \text{ UM}$

Como o valor encontrado é maior que 18, ele deverá ter o salário aumentado.

Empregado I:

$y = 0{,}2332 \cdot 5 + 8{,}3982 \cdot 5 + 3{,}434$
$y = 38{,}1928$ UM

Como o valor encontrado é menor que 50, esse empregado deve permanecer com o mesmo salário.

Empregado J:

$y = 0{,}2332 \cdot 2 + 8{,}3982 \cdot 0 + 3{,}434$
$y = 3{,}9004$ UM

Como o valor encontrado é menor que 12, esse empregado deve permanecer com o mesmo salário.

Pela análise feita, verificamos, portanto, que os seguintes empregados deverão ter os salários aumentados: B, C, D, E, G e H.

Síntese

Tratamos neste capítulo de uma importante parte da estatística conhecida como *métodos quantitativos*. Primeiramente, definimos o que se entende por correlação e por regressão, classificando-as em simples ou múltipla e em linear ou não linear. Na sequência, verificamos como se constrói um diagrama de dispersão com vistas a diagnosticar se a relação entre as variáveis dependente e independente é linear; sendo linear, mostramos como se constrói a equação da reta de regressão que melhor representa a correlação entre essas variáveis. Depois, calculamos e analisamos o coeficiente de correlação de Pearson. Finalmente, apresentamos a correlação e a regressão linear múltipla. Os métodos quantitativos são, então, importante ferramenta para identificar se entre duas ou mais grandezas existe uma correlação e, se ela existir, se as grandezas envolvidas são direta ou inversamente proporcionais.

Questões para revisão

1) Analise os dados da tabela a seguir:

Quantidades produzidas × custo de produção de certo produto

Quantidade (x)	10	11	12	13	14	15
Custo (y) – em R$	100	112	119	130	139	142

Com base neles:

a. construa o diagrama de dispersão;

b. ajuste uma reta aos dados;

c. trace a reta no diagrama de dispersão;

d. determine o custo para 25 unidades do produto.

2) A tabela a seguir mostra o que ocorreu em certa plantação de algodão quanto à colheita ao longo de cinco anos e à quantidade de chuva que caiu na fazenda durante os meses que vão do plantio até a colheita.

Produção de algodão × índice pluviométrico em uma fazenda de algodão

Ano	Produção de algodão (em t)	Índice pluviométrico (em mm)
2011	80	23
2012	90	27
2013	74	20
2014	104	28
2015	112	31

Com base nesses dados:

a. construa o diagrama de dispersão;

b. ajuste uma reta aos dados;

c. trace a reta no diagrama de dispersão;

d. determine a provável produção para um ano cujo índice pluviométrico seja igual a 25 mm.

3) A tabela a seguir mostra o consumo médio de gasolina de um automóvel em função da velocidade média por ele desenvolvida durante certo trajeto.

Velocidade média × consumo médio de gasolina de um automóvel

Velocidade (em km/h)	Consumo (em km/ℓ)
60	12,0
70	11,6
80	10,8
90	10,0
100	9,1
110	8,8
120	8,4

Com base nesses dados, determine o coeficiente de correlação de Pearson entre as variáveis.

4) uma pesquisa para diagnostivar se havia uma correlação entre alunos que gostavam de matemática e também gostavam de música, verificou-se que havia uma correlação linear. Ao calcular o coeficiente de correlação de Pearson, obteve-se o valo r = 0,97. Interprete esse resultado.

5) O que diferencia uma correlação simples de uma correlação múltipla?

Questões para reflexão

1) A tabela a seguir nos mostra o consumo de *pizzas* durante um mês em dez diferentes bairros de uma cidade e a renda média dos consumidores delas. Mostra ainda o preço que cada pizzaria cobra. Vamos supor que o custo médio de qualquer *pizza* vendida em determinada pizzaria seja constante. Baseando-se nos dados da tabela, estabeleça o modelo de regressão linear múltipla e verifique quais pizzarias deverão diminuir os preços de seu produto.

Pizzas vendidas em dez bairros de uma cidade

Bairro	Pizzas vendidas por mês (×100)	Renda (em UM)	Preço unitário (em UP)
A	40	9	12
B	38	8	13
C	55	12	15
D	27	6	12
E	53	11	10
F	33	7	16
G	20	4	14
H	60	13	12
I	25	5	11
J	46	10	14

Legenda: UM = unidade monetária; UP = unidade de *pizza*

Como a quantidade de *pizzas* vendidas depende tanto da renda dos consumidores quanto do preço unitário delas, a quantidade de *pizzas* é a variável dependente (Y) e as demais são as variáveis independentes (X_1 e X_2).

Para saber mais

Se você deseja aprofundar seu conhecimento sobre métodos quantitativos, saiba mais no livro, nos vídeos, livro e nos artigos indicados a seguir.

Livro

CASTANHEIRA, N. P. **Métodos quantitativos**. 2. ed. Curitiba: InterSaberes, 2008.

Outros materiais

FLACH, L. **Coeficiente de correlação de Person**: cálculo. Disponível em: <https://www.youtube.com/watch?v=5zfg9E8zsj4>. Acesso em: 3 maio 2016.

MARTINS, M. **Correlação linear**: regressão. Disponível em: <https://www.youtube.com/watch?v=yF-Em4RBoiI>. Acesso em: 3 maio 2016.

_____. **Correlação linear**: diagrama de dispersão. Disponível em: <https://www.youtube.com/watch?v=SZgnw4-KPl4>. Acesso em: 3 maio 2016.

REGRESSÃO linear múltipla. Disponível em: <https://www.youtube.com/watch?v=TLlzToeIpGc>. Acesso em: 3 maio 2016.

SILVA, E. M. da. **Métodos quantitativos**. 2013. Disponível em: <http://pt.slideshare.net/ElvisMagno/cap-1-e-2-introduo-estatsticas-bsica>. Acesso em: 3 maio 2016.

Conteúdos do capítulo:
- Regimes de capitalização.
- Capitalização simples.
- Capitalização composta.
- Período fracionário.
- Descontos simples e composto.

Após o estudo deste capítulo, você será capaz de:
1. conceituar e diferenciar regimes de capitalização;
2. resolver problemas na capitalização simples;
3. resolver problemas na capitalização composta;
4. resolver problemas com períodos fracionários;
5. resolver problemas com descontos simples e composto.

5
Regimes de capitalização

Os regimes de capitalização simples e de capitalização composta são usados no dia a dia do mercado financeiro. O que diferencia um do outro é o tipo de juros utilizado: juros simples ou juros compostos, respectivamente.

Em nosso cotidiano, sempre nos defrontamos com a palavra *juros* quando fazemos uma transação financeira qualquer. Mas por que se cobram juros? E por que em determinados momentos eles são tão altos? Essas e outras perguntas serão respondidas ao longo deste capítulo. A Figura 5.1 ilustra a sequência dos assuntos que serão estudados.

Figura 5.1 – Sequência dos assuntos a estudar em regimes de capitalização

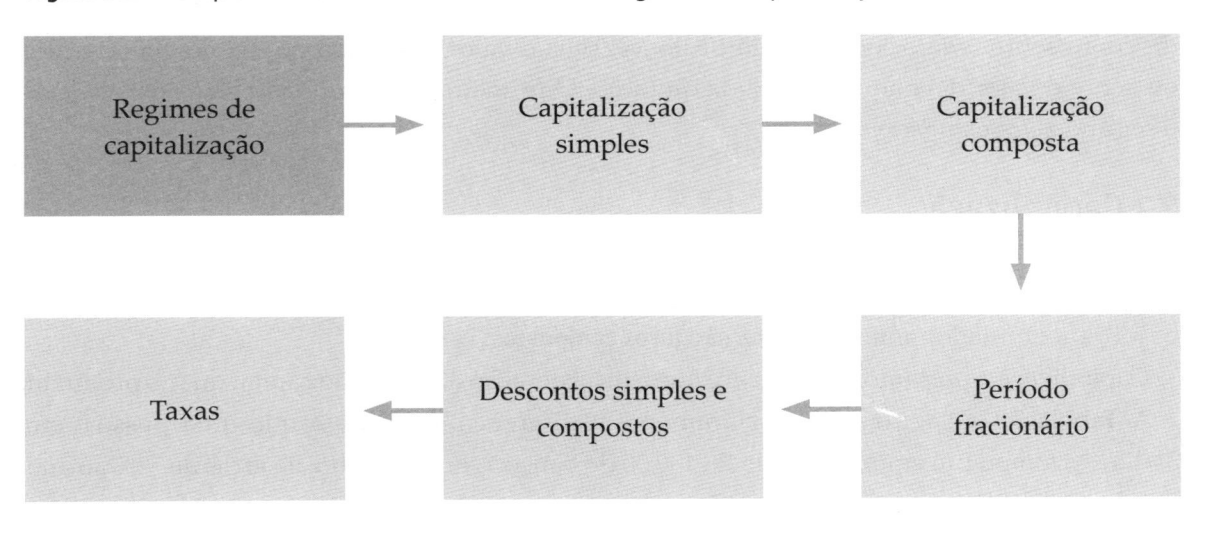

Regimes de capitalização → Capitalização simples → Capitalização composta ↓
Taxas ← Descontos simples e compostos ← Período fracionário

5.1 Problematização

Por que utilizar juros? Porque há importantes fatores a considerar. Entre outros, temos:

a) o **risco**, pois há a possibilidade de o tomador do empréstimo não resgatar o dinheiro;

b) as **despesas** de ordem operacional, contratual e tributária para formalização do empréstimo e efetivação da cobrança;

c) a **inflação**, ou seja, a desvalorização da moeda durante o prazo previsto para o empréstimo;

d) a necessidade de **remuneração** do dono do capital, pois ele almeja lucro.

Mas quando utilizar os juros simples e quando utilizar os juros compostos? Veremos que em economia inflacionada, como é o caso brasileiro, os juros compostos são os preferidos, pois a dívida cresce exponencialmente, ao passo que, com juros simples, ela aumenta linearmente.

Entretanto, os juros simples são muito utilizados, conforme analisaremos adiante, em determinadas situações. Por exemplo: quando pagamos uma dívida com atraso de dois meses e 10 dias, nos dois meses pagamos juros compostos (juros sobre juros) e nos 10 dias, juros simples.

Como se calculam descontos? Ao resgatarmos um título de crédito antes da data do vencimento, merecemos um desconto. Se a negociação foi feita com juros simples, ele será simples; caso tenha sido com juros compostos, será composto.

Nos dois casos, há duas formas de calcular o valor do desconto: aplicando-se uma taxa de desconto sobre o valor nominal do título (ou seja, o valor da dívida no dia do vencimento) ou sobre o valor dela no momento da quitação. O primeiro é denominado *desconto comercial*; o segundo, *desconto racional*.

5.2 Capitalização

O regime de capitalização é que determina a forma de se acumularem os juros. Caso estes incidam somente sobre o capital inicial, trata-se de **juros simples**; se incidirem sobre o capital mais os juros acumulados anteriormente, são **juros compostos**.

Capitalização, portanto, nada mais é que a incorporação dos juros ao capital que os produziu.

A Tabela 5.1 a seguir mostra claramente a diferença. Considere que uma pessoa, em 31/12/XX, tomou um empréstimo de R$ 100,00 do banco Y, que lhe cobraria juros de 50% ao ano. Qual será sua dívida ao final de quatro anos?

Tabela 5.1 – Comportamento de uma dívida nos regimes de capitalização simples e capitalização composta

Ano	Saldo no início de cada ano		Juros de cada ano		Saldo no final de cada ano	
	Capit. Simples	Capit. Composta	Capit. Simples	Capit. Composta	Capit. Simples	Capit. Composta
1	100,00	100,00	$0,5 \times 100 = 50,00$	$0,5 \times 100,00 = 50,00$	150,00	150,00
2	150,00	150,00	$0,5 \times 100 = 50,00$	$0,5 \times 150,00 = 75,00$	200,00	225,00
3	200,00	225,00	$0,5 \times 100 = 50,00$	$0,5 \times 225,00 = 112,50$	250,00	337,50
4	250,00	337,50	$0,5 \times 100 = 50,00$	$0,5 \times 337,50 = 168,75$	300,00	506,25

No entanto, precisamos conhecer as grandezas apresentadas em seguida para o estudo dos regimes de capitalização.

a) Capital (C)

Sob o ponto de vista da matemática financeira, **capital** é qualquer valor expresso em moeda e disponível em determinada época. Alguns autores o denominam *principal*.

b) Juros (J)

O conceito de **juros** pode ser introduzido por meio das expressões:

- dinheiro pago pelo uso de dinheiro emprestado, ou seja, custo do capital de terceiros colocado à nossa disposição;
- remuneração do capital empregado em atividades produtivas;
- remuneração paga pelas instituições financeiras sobre o capital nelas aplicado;
- remuneração do capital emprestado; pode ser entendido, de forma simplificada, como o aluguel pago pelo uso do dinheiro.

O princípio econômico que norteia a economia é que sobre qualquer bem escasso e não disponível livremente (sem ônus) existe um preço. Assim, quando desejamos comprar um bem, vamos ao mercado e trocamos nosso dinheiro por ele. Na hipótese de não possuirmos o dinheiro e mesmo assim desejarmos tal produto ou serviço, apelamos para o crédito, isto é, tomamos emprestado.

Esse empréstimo implica:

- satisfação imediata da necessidade de consumo de uma pessoa, pagando juros;
- aplicação do dinheiro disponível de outra pessoa, recebendo juros.

Os juros são fixados mediante uma taxa percentual que sempre se refere a uma unidade de tempo (ano, semestre, trimestre, mês, dia etc.), a qual recebe o nome de *taxa de juros* e será representada pela letra **i**. Vamos ver alguns exemplos?

Exemplo 1
12% ao ano = 12% a.a.

Exemplo 2
8% ao semestre = 8% a.s.

Exemplo 3
5% ao trimestre = 5% a.t.

Exemplo 4
2% ao mês = 2% a.m.

Exemplo 5
0,1% ao dia = 0,1% a.d.

Observe que, ao utilizarmos a taxa de juros em uma fórmula, ela deverá ser transformada em fração decimal, ou seja, em vez de 12%, escreveremos 0,12. Outro cuidado que devemos ter é manter a coerência nas unidades de medida do tempo e da taxa de juros. Assim, se utilizarmos o tempo em meses, a taxa deverá ser fornecida ao mês; se a taxa for diária, deveremos fornecer o tempo em dias; e assim por diante. Segue mais um exemplo para ajudar-nos a compreender essa lógica.

Exemplo 6
Um capital de R$ 1.000,00 aplicado a uma taxa de 12% a.a. proporcionará, ao final de um ano, um total de juros equivalente a:

12% de 1.000,00 = 12/100 · 1.000,00 = R$ 120,00

c) Montante (M)

Quando um capital é emprestado num dia zero, supomos que o tomador do empréstimo pagará juros durante todo o tempo em que utilizá-lo. Ao final desse período, devolverá o capital emprestado mais os juros calculados a determinada taxa. À soma do capital com os juros damos o nome de *montante*, representado pela letra **M**.

No exemplo anterior, o montante é igual a:

M = 1.000,00 + 120,00 = 1.120,00

d) Tempo (n)

Trata-se do prazo durante o qual alguém paga ou recebe juros. Nós o representaremos pela letra **n**. Devemos observar que, ao estudarmos descontos, n significa o tempo que falta para vencer uma dívida, isto é, o tempo sobre o qual estes são calculados. Além disso, ressaltamos que, na análise sobre rendas, n representa o número de parcelas de um financiamento.

5.3 Capitalização simples

O regime de capitalização é simples quando utilizamos juros simples; estes são calculados sempre sobre o capital inicial. Tal regime representa uma equação aritmética; logo, é indiferente se os juros são pagos periodicamente ou ao final do tempo total.

Para o cálculo dos juros simples (J) sobre o capital (C), aplicamos a taxa de juros (i) e consideramos o tempo (n) sobre o qual eles incidem. Com isto, chegamos à fórmula:

J = C · i · n

Tendo em vista que montante = capital + juros, temos:

$M = C + J$

$M = C + C \cdot i \cdot n$

M = C · (1 + i · n), que é a fórmula geral da capitalização simples.

O mercado financeiro pratica juros compostos na maioria das operações. No entanto, os juros simples são utilizados em função da simplificação de cálculos e para reduzir ou aumentar taxas, conforme a conveniência. Vamos ver isso mais de perto.

Exemplo 7

Considerando-se que uma pessoa tomou emprestado R$ 100,00 e prometeu devolvê-los quatro anos mais tarde a uma taxa de 10% a.a., com juros simples, quanto ela terá pago ao final do período? A Tabela 5.2 ilustra os cálculos.

Tabela 5.2 – Crescimento de uma dívida com juros simples

Ano	Saldo inicial (C)	Juros (J)	Saldo final (M)
0	–	–	100,00
1	100,00	100,00 × 0,1 = 10	110,00
2	110,00	100,00 × 0,1 = 10	120,00
3	120,00	100,00 × 0,1 = 10	130,00
4	130,00	100,00 × 0,1 = 10	140,00

Observe que os juros foram calculados sempre sobre o capital inicial de R$ 100,00. Assim, ao final de quatro anos, a pessoa pagará R$ 140,00. Note também que transformamos 10% em 10/100 = 0,1 a.a.

Poderíamos ter resolvido esse exemplo aplicando diretamente a fórmula:

$M = C \cdot (1 + i \cdot n)$

$M = 100,00 \cdot (1 + 0,1 \cdot 4)$

$M = 100,00 \cdot (1,4)$

$M = 140,00$

Exemplo 8

Um valor de R$ 100,00 foi aplicado à taxa de juros simples de 1% a.m., durante cinco meses. Qual é o valor dos juros?

Resolvendo pela fórmula:

$J = C \cdot i \cdot n$
$C = 100,00$
$i = 1\%$ a.m. $= 0,01$ a.m.
$n = 5$ m
$J = 100,00 \cdot 0,01 \cdot 5$
$J = 5,00$

Exemplo 9

Qual é o rendimento de R$ 10.000,00 em quatro meses a uma taxa de juros simples de 14,4% ao ano?

Resolvendo pela fórmula:

$C = 10.000,00$
$i = 14,4\%$ a.a. $= 14,4/12\%$ a.m. $= 1,2\%$ a.m. $= 0,012$ a.m.
$J = C \cdot i \cdot n$
$J = 10.000,00 \cdot 0,012 \cdot 4$
$J = 480,00$

Observe que mantivemos a homogeneidade nos tempos das grandezas tempo (n) e taxa de juros (i).

5.3.1 Valor atual e valor nominal

Imaginemos um capital **C** aplicado a uma taxa **i** por um período de tempo **n**. **Valor nominal** é aquele obtido ao final do período de tempo **n**, isto é, na data do vencimento do compromisso.

Valor atual é aquele obtido em qualquer período n, localizado antes do final do compromisso. Vamos praticar esses conceitos.

Exemplo 10

Quero adquirir uma letra de câmbio de valor nominal de R$ 1.800,00, resgatável daqui a um ano. Por quanto devo comprar a letra, sabendo que desejo juros mínimos de 20% ao ano?

$C = ?$ (valor atual)
$M = 1.800,00$ (valor nominal)
$i = 20\%$ a.a. $= 0,2$ a.a.
$n = 1$ ano

$M = C \cdot (1 + i \cdot n)$
$1.800,00 = C \cdot (1 + 0,2 \cdot 1)$
$C = 1.500,00$

Devo comprar a letra de câmbio por, no máximo, R$ 1.500,00.

5.4 Descontos simples

Quando pagamos uma dívida antecipadamente, ou seja, um tempo n antes do vencimento, merecemos um desconto, que será tanto maior quanto maior for n. Caso a dívida tenha sido contraída com juros simples, o desconto será simples.

Há duas modalidades de desconto simples a considerar, as quais apresentamos a seguir.

5.4.1 Desconto comercial (Dc)

É a modalidade utilizada pelos bancos para remunerar o capital; representa os juros simples calculados sobre o valor nominal do título de crédito (por fora).

O desconto comercial é também conhecido como *desconto bancário* ou *desconto simples por fora*.

É importante lembrar que **valor nominal** de um título é o valor de face, o valor nele expresso, representando aquele que deve ser pago na data do vencimento. Por definição:

Dc = M · i · n

Em que n é o número de períodos antes do vencimento.

O valor presente ou **valor atual** (Vc) é o valor do título numa data focal, ou seja, no dia do resgate, não importando quando o título vai vencer. Ele é igual ao valor nominal (montante) menos o desconto.

$Vc = M - Dc$
$Vc = M - M \cdot i \cdot n$
$Vc = M \cdot (1 - i \cdot n)$

Exemplo 11

Uma empresa emitiu uma duplicata de R$ 8.000,00 com vencimento em 3 de novembro. No dia 16 de agosto, descontou o título num banco que cobra 2% a.m. de taxa de desconto bancário. Determine o valor desse desconto. Observação: o desconto bancário segue os critérios dos juros pela regra dos banqueiros.

$M = 8.000,00$
$i = 2\%$ a.m. $= 0,02$ a.m.
$n = 79$ dias $(15 + 30 + 31 + 3)$
$Dc = ?$

Como a taxa está expressa ao mês e o tempo em dias, devemos estabelecer a homogeneidade entre as variáveis. Vamos então dividir a taxa por 30 e transformá-la em dias.

$$Dc = M \cdot i \cdot n$$
$$Dc = \frac{8.000,00 \cdot 0,02 \cdot 79}{30}$$
$$Dc = 421,33$$

5.4.2 Desconto racional (Dr)

É a modalidade de desconto simples calculado sobre o valor atual do título, numa taxa fixada e durante o tempo correspondente, da mesma maneira como são calculados os juros simples. É também denominado *desconto simples por dentro*.

O desconto racional simples é, portanto, calculado sobre o valor atual (Vr), pela seguinte fórmula:

Dr = Vr · i · n

O valor atual é igual ao valor nominal (montante) menos o desconto.
Como vimos em juros simples, temos:

$$Vr = \frac{M}{1 + i \cdot n}$$

Consiste em calcular, pela fórmula anterior, o valor atual relativo a um valor nominal futuro.

Exemplo 12

Uma letra de câmbio com renda final, cujo valor de resgate é de R$ 95.600,00, com vencimento em 180 dias, está sendo ofertada. Sabendo que o comprador deseja uma remuneração mínima de 9,5% a.m. sobre o capital aplicado na compra, por quanto deve ser adquirido o papel?

$$i = 9,5\% \text{ a.m.} = 0,095 \text{ a.m.}$$
$$n = 180 \text{ dias} = 6 \text{ m}$$
$$M = 95.600,00$$
$$Vr = \frac{M}{1 + i \cdot n}$$
$$Vr = \frac{95.600,00}{1 + 0,095 \cdot 6}$$
$$Vr = 60.891,72$$

O papel deve ser adquirido por, no máximo, R$ 60.891,72.

Exemplo 13

Qual é o valor do desconto racional simples e o valor do resgate de um título de R$ 30.000,00, vencível em 3 meses e 15 dias, descontado à taxa de 45% ao ano?

M = 30.000,00
Vr = ?
Dr = ?
i = 45% a.a. = 0,45 a.a.
n = 3 m. 15 d. = 105 d. = 105/360 a.

$$Vr = \frac{M}{1+i \cdot n}$$

$$Vr = \frac{30.000,00}{1+0,45 \cdot 105/360}$$

Vr = 26.519,34

Sabendo o valor atual (valor de resgate), podemos calcular o valor do desconto racional pela simples subtração do valor nominal (montante):

Dr = M − Vr
Dr = 30.000,00 − 26.519,34
Dr = 3.480,66

Ou pela fórmula:

Dr = Vr · i · n
Dr = 26.519,34 · 0,45 · 105/360
Dr = 3.480,66

Portanto, o valor do desconto racional simples é de R$ 3.480,66, e o valor do resgate, R$ 26.519,34.

5.5 Capitalização composta

Como vimos na capitalização simples, os juros são calculados aplicando-se a taxa de juros sempre sobre o capital inicial. Na capitalização composta, os juros do primeiro período são somados ao capital inicial e, sobre os dois, serão calculados os juros do segundo período, e assim sucessivamente – daí de os juros compostos serem chamados de *juros sobre juros*.

Um período de capitalização é o momento em que se somam juros ao capital. Por exemplo, se utilizarmos uma taxa de juros de 1,8% ao mês e aplicarmos os juros mês a mês, a capitalização será mensal.

Na Seção 5.2, definimos *montante*. Para o cálculo deste em capitalização composta, poderemos utilizar a fórmula dos juros simples e fazer o cálculo período a período, ou seja, fazendo sempre n = 1. Vamos exemplificar.

Exemplo 14

Determinar o montante produzido por um capital de R$ 1.000,00 aplicado a uma taxa de juros compostos de 10% ao trimestre, capitalizado trimestralmente durante nove meses.

C = 1.000,00
i = 10% a.t. = 0,1 a.t.
n = 1 a. 6 m. = 3 t
M = C · (1 + i)

Após o primeiro período de capitalização (n = 1 trimestre):

M_1 = 1.000,00 · (1 + 0,1)
M_1 = 1.100,00

Após o segundo período de capitalização (n = 1 trimestre):

M_2 = M_1 · (1 + 0,1)
M_2 = 1.000,00 · (1 + 0,1) · (1 + 0,1)
M_2 = 1.210,00

Após o terceiro período de capitalização (n = 1 trimestre):

M_3 = M_2 · (1 + 0,1)
M_3 = 1.000,00 · (1 + 0,1) · (1 + 0,1) · (1 + 0,1)
M_3 = 1.331,00

Observando esse exemplo, verificamos que o fator (1 + i) varia de acordo com a quantidade de períodos de capitalização, ou seja, a repetição desse fator é igual à quantidade de períodos de capitalização. Logo, podemos escrever a fórmula:

M = C · (1 + i)^n

Calculando novamente o exemplo 1 pela fórmula anterior, temos:

M = 1.000,00 · (1 + 0,1)^3
M = 1.331,00

Exemplo 15

Qual é o capital que, aplicado a uma taxa de juros compostos de 15% a.s., capitalizado semestralmente, produz o montante de R$ 3.041,75 após três semestres?

i = 15% a.s. = 0,15 a.s.

$$C = \frac{M}{(1+i)^n}$$

$$C = \frac{3.041,75}{(1+0,15)^3}$$

$C = 2.000,00$

5.5.1 Juros compostos

Juros compostos são os rendimentos produzidos por um capital em determinado tempo, calculados sobre o capital mais os juros acumulados anteriormente (juros sobre juros). Em capitalização composta, os juros aumentam a cada período de capitalização. Sabemos que o montante é o valor aplicado (capital) acrescido dos juros, logo:

M = C · (1 + i)^n
Como M = C + J,
C + J = C · (1 + i)^n
J = C · (1 + i)^n − C
J = C · [(1 + i)^n − 1]

Exemplo 16

Determine os juros produzidos por um capital de R$ 2.000,00, aplicado a juros compostos de 10% ao semestre, capitalizado semestralmente durante dois anos.

C = 2.000,00
i = 10% a.s. = 0,1 a.s.
n = 2 a = 4 s
J = C · [(1 + i)^n − 1]
J = 2.000,00 · [(1 + 0,1)^4 − 1]
J = 2.000,00 · 0,4641
J = 928,20

Exemplo 17

Uma pessoa toma emprestado R$ 5.000,00 a juros de 3% a.m., pelo prazo de dez meses, com capitalização composta. Qual é o valor a ser pago ao final do período?

M = C · (1 + i)^n
M = 5.000,00 · (1 + 0,03)^{10}
M = 6.719,58

Exemplo 18

Uma pessoa possui um título com vencimento para daqui a dez meses, com valor nominal de R$ 1.500,00. Foi-lhe proposta a troca por outro, com vencimento para daqui a quatro meses e valor nominal de R$ 1.100,00. Sabendo-se que a taxa de juros compostos corrente é de 4% a.m., a troca será vantajosa?

n = 10 – 4 = 6 meses
i = 4% a.m. = 0,04 a.m.
M = 1.500,00

$$C = \frac{M}{(1+i)^n}$$

$$C = \frac{1.500,00}{(1+0,04)^6}$$

C = 1.185,47

Logo, não é vantajoso, pois o título de R$ 1.500,00 daqui a quatro meses valerá R$ 1.185,47 (menos que o novo título que estão oferecendo).

5.5.2 Equivalência de taxas

Dizemos que há equivalência entre taxas se, considerando o mesmo período de aplicação e o mesmo capital, for indiferente aplicar em uma ou em outra taxa ou, ainda, se considerando períodos de capitalização diferentes, tal aplicação produzir montantes iguais.

Para o cálculo de taxa equivalente, aplicando-se o critério de capitalização composta, utiliza-se a fórmula:

$$i_q = (1 + i_t)^{q/t} - 1$$

Em que:
- i_q = taxa que quero;
- i_t = taxa que tenho;
- q = tempo (período) da taxa que quero;
- t = tempo (período) da taxa que tenho.

> Importante: antes de substituir os valores na fórmula, certifique-se que "q" e "t" estão na mesma base de tempo.

Exemplo 19
Calcular a taxa anual equivalente a 1% a.m.

$i_q = ?$
$i_t = 1\%$ a.m. $= 0{,}01$ a.m.
$q = 1$ a $= 12$ m
$t = 1$ m
$i_q = (1 + i_t)^{q/t} - 1$
$i_q = (1 + 0{,}01)^{12/1} - 1$
$i_q = 0{,}126825$ a.a. ou $12{,}6825\%$ a.a.

Exemplo 20
Qual é a taxa mensal equivalente a 120% ao ano?

$i_q = ?$
$i_t = 120\%$ a.a. $= 1{,}2$ a.a.
$n_t = 1$ a $= 12$ m
$n_q = 1$ m
$i_q = (1 + i_t)^{q/t} - 1$
$i_q = (1 + 1{,}2)^{1/12} - 1$
$i_q = 0{,}06791140$ ou $6{,}791140\%$ a.m.

5.6 Descontos compostos

Desconto composto é o abatimento concedido sobre um título por seu resgate antecipado ou sobre a venda de um título antes de seu vencimento, observando-se os critérios de capitalização composta. Tal como no desconto simples, temos duas formas de desconto composto: o comercial (bancário) ou *por fora*; e o racional ou *por dentro*.

5.6.1 Desconto comercial

O desconto comercial composto – assim como no caso do desconto simples – é calculado sobre o valor nominal do título. Para chegar ao valor atual do título, podemos fazer uma sucessão de descontos simples. Para maior agilidade, apresentamos as fórmulas:

Vc = M · (1 – i)^n

Em que: Vc = valor atual ou valor presente com desconto comercial.

Dc = M – Vc
$Dc = M - [M \cdot (1 - i)^n]$
$Dc = M \cdot [1 - (1 - i)^n]$

Exemplo 21

Calcule o valor atual de um título de R$ 20.000,00 descontado um ano antes do vencimento à taxa de desconto bancário composto de 5% ao trimestre, capitalizável trimestralmente.

$i = 5\%$ a.t. $= 0,05$ a.t.

$n = 1$ a $= 4$ t

$Vc = M \cdot (1 - i)^n$
$Vc = 20.000,00 \cdot (1 - 0,05)^4$
$Vc = 16.290,13$

Exemplo 22

Determine o valor do desconto bancário composto, calculado trimestralmente, de um título de R$ 20.000,00, um ano antes do vencimento, à taxa de desconto de 5% ao trimestre.

$Dc = M \cdot [1 - (1 - i)^n]$
$Dc = 20.000,00 \cdot [1 - (1 - 0,05)^4]$
$Dc = 20.000,00 \cdot 0,185494$
$Dc = 3.709,88$

Exemplo 23

Calcule a taxa de desconto bancário composto de um título de R$ 50.000,00, descontado 6 meses antes do vencimento, recebendo líquido o valor de R$ 36.754,59.

$Vc = M \cdot (1 - i)^n$

$36.754,59 = 50.000,00 \cdot (1 - i)^6$

$(1 - i)^6 = \dfrac{36.754,59}{50.000,00}$

$(1 - i)^6 = 0,7350918 \therefore (1 - i) = 0,7350918^{1/6}$

$1 - i = 0,95$

$i = 0,05$ ou $i = 5\%$ a.m.

5.6.2 Desconto racional

O valor do desconto racional composto é calculado sobre o valor atual, como também o é em desconto racional simples. O valor nominal (montante) é aquele que consta do título e, para calculá-lo, usamos a fórmula:

M = Vr · (1 + i)ⁿ

Em que:
- M é o valor nominal;
- Vr é o valor atual.

O desconto racional é, então:

Dr = M − Vr

$$Vr = \frac{M}{(1+i)^n}$$

$$Dr = M \cdot \left[1 - \frac{1}{(1+i)^n}\right]$$

Exemplo 24

Um título no valor de R$ 30.000,00 foi saldado três meses antes do vencimento. O possuidor dele obteve uma taxa de desconto racional composto de 4% a.m. Qual é o valor do desconto e o da quantia recebida?

M = 30.000,00
n = 3 m
i = 4% a.m. = 0,04 a.m.
Dr = ?
Vr = ?

$M = Vr \cdot (1+i)^n$
$30.000,00 = Vr \cdot (1+0,04)3$
$Vr = \dfrac{30.000,00}{1,124864}$
Vr = 26.669,89
Dr = M − Vr
Dr = 3.330,11

5.7 Período fracionário

Mesmo quando efetuamos cálculos por meio de juros compostos, podemos ter um número de períodos de capitalização não inteiros. Por exemplo, é possível termos um valor aplicado durante 3 meses e 15 dias e a capitalização ser mensal; nesse caso, temos um período fracionário, ou seja, um período que é, no exemplo, parte do mês.

Estamos falando de capitalizações descontínuas. Como proceder para o cálculo dos juros? Para a parte inteira do tempo (meses inteiros), utilizamos a capitalização composta; para a fracionária, podemos utilizar a capitalização simples (convenção linear) ou a composta (convenção exponencial).

5.7.1 Convenção linear (mista)

Procede-se em duas etapas:
1. para a parte inteira de períodos, calcula-se o montante a juros compostos;
2. para a fração não inteira de tempo, admite-se a formação linear de juros, ou seja, o montante obtido na primeira etapa passa a gerar juros simples na fração não inteira.

Exemplo 25

Um capital de R$ 5.000,00 é aplicado à taxa de juros compostos de 20% a.a., por um período de 3 anos e 4 meses, com capitalização anual. Qual será o montante, utilizando-se a convenção linear?

$M = ?$
$i = 20\%$ a.a. $= 0,2$ a.a.
$n = 3$ a
$n_1 = 4$ m $= 4/12$ a

$M = C \cdot (1 + i)^n \cdot (1 + i \cdot n_1)$
$M = 5.000,00 \cdot (1 + 0,2)^3 \cdot (1 + 0,2 \cdot 4/12)$
$M = 9.216,00$

5.7.2 Convenção exponencial

Convenção exponencial é aquela em que os juros do período não inteiro (n_1) são calculados utilizando-se juros compostos.

$M = C \cdot (1 + i)^n \cdot (1 + i_1)^{n_1}$

Em que: i_1 é a taxa unitária equivalente a **i** e compatível com n_1.

Se tomarmos a fração do período não inteiro em relação ao período inteiro, podemos fazer:

$\mathbf{M = C \cdot (1 + i)^{n + n_1}}$

Exemplo 26

Calcule o montante produzido pela aplicação de um capital de R$ 1.000.000,00 à taxa de 12% a.a., com capitalização mensal, durante 9 meses e 15 dias, pela convenção exponencial.

$M = C \cdot (1 + i)^{n + n_1}$
$i = 12\%$ a.a. $= 0,12$ a.a. $= 1\%$ a.m. $= 0,01$ a.m.
$n = 9$ m
$n_1 = 15$ d $= 0,5$ m
$M = 1.000.000,00 \cdot (1 + 0,01)^{9,5}$
$M = 1.099.140,10$

5.8 Taxa nominal

Temos uma taxa nominal quando o prazo de formação e incorporação dos juros ao capital inicial não coincide com aquele a que ela se refere. Normalmente, é expressa para periodicidade anual e transformada em taxa para periodicidade menor, de forma proporcional.

Observe que é comum os juros serem capitalizados mais de uma vez no período a que a taxa diz respeito.

Exemplo 27

Taxa de 12% a.a., capitalização mensal.
Taxa mensal = 12%/12 = 1% a.m.

Exemplo 28

Taxa de 27% a.a., capitalização bimestral.
Taxa bimestral = 27%/6 = 4,5% a.b.

Em linhas gerais, tem-se que:

$$i_1 = \frac{i_1 \cdot n_2}{n_1}$$

Em que:
- i_1 = taxa conhecida;
- i_2 = taxa desconhecida;
- n_1 = período da taxa conhecida;
- n_2 = período da taxa desconhecida.

Exemplo 29

O valor de R$ 10.000,00 foi aplicado à taxa nominal de 360% a.a. durante um ano. Calcule o montante, considerando:

a) capitalização semestral;
b) capitalização trimestral;
c) capitalização mensal.

n = 1 a = 2 s = 4 t = 12 m
i = 360% a.a. = 3,6 a.a.
i = 180% a.s. = 1,8 a.s.
i = 90% a.t. = 0,9 a.t.
i = 30% a.m. = 0,3 a.m.

a) Capitalização semestral:

$M = C \cdot (1+i)^n$
$M = 10.000,00 \cdot (1+1,8)^2$
$M = 78.400,00$

b) Capitalização trimestral:

$M = C \cdot (1+i)^n$
$M = 10.000,00 \cdot (1+0,9)^4$
$M = 130.321,00$

c) Capitalização mensal:

$M = C \cdot (1+i)^n$
$M = 10.000,00 \cdot (1+0,3)^{12}$
$M = 232.980,85$

5.9 Taxa efetiva

Temos uma taxa efetiva quando o prazo de formação e incorporação dos juros ao capital inicial coincide com aquele a que a taxa se refere. É a taxa que efetivamente é paga no período em que foi fornecida, independentemente do período de capitalização. Isso quer dizer que, se um capital foi aplicado durante certo tempo a determinada taxa, não importa o período de capitalização, pois o resultado final (o montante) será o mesmo. Quando se usa a taxa efetiva, os juros são capitalizados uma única vez no período a que ela se refere.

Exemplo 30

Um banco emprestou R$ 1.000,00 por um ano. Sabendo-se que a taxa nominal cobrada é de 12% ao ano, com capitalização mensal, qual é o montante e a taxa efetiva?

$i = 12\%$ a.a. $= 0,12$ a.a. $= 0,01$ a.m. (taxa nominal)
$M = C \cdot (1+i)^n$
$M = 1.000,00 \cdot (1+0,01)^{12}$
$M = 1.126,83$

Para o cálculo exato, verifique que esse montante foi arredondado. Seu valor, na realidade, é de R$ 1.126,6825. Portanto, a taxa ao ano, na realidade, é:

$M = C \cdot (1+i)^1$
$1.126,8250 = 1.000,00 \cdot (1+i)$
$1 + i = 1,126825$
$i = 0,126825$ ou $i = 12,6825\%$ a.a. (taxa efetiva)

5.10 Taxa real e taxa aparente

Quando uma pessoa tem um aumento salarial de 15% referente a um período em que houve inflação, esse valor de 15% não reflete um aumento real, pois não considerou a inflação. Chamamos, então, essa taxa de *aparente*.

Assim, definimos **taxa aparente** como aquela que não leva em conta a inflação do período; a **taxa real**, ao contrário, é a que considera os efeitos inflacionários do período.

Como obter a relação entre elas? Considere um capital C aplicado durante certo tempo e que produziu um montante M. Suponha que durante esse período houve uma inflação I. Caso a inflação do período não seja considerada, a taxa de aplicação é a aparente i_a.

Temos, então:

$$M = C \cdot (1 + i_a)$$

Entretanto, levando-se em conta a inflação do período, o capital foi acrescido não só da taxa real i mas também da taxa de inflação I.

Nesse caso, o montante será:

$$M = C \cdot (1 + i) \cdot (1 + I)$$

Como:
$C \cdot (1 + i_a) = C \cdot (1 + i) \cdot (1 + I)$,
$(1 + i) = (1 + i) \cdot (1 + I)$
$(1 + i) = \dfrac{(1 + i_a)}{(1 + I)}$
$i = \dfrac{(1 + i_a)}{(1 + I)} - 1$

Exemplo 31

Determinar o rendimento real de uma aplicação cuja taxa aparente foi de 30,8% ao ano, durante um ano em que a inflação foi 9%.

$i = \dfrac{(1 + i_a)}{(1 + I)} - 1$

$i = \dfrac{(1 + 0,308)}{(1 + 0,09)} - 1$

$i = 1,2 - 1$

$i = 0,2$ ou 20% ao ano

Exemplo 32

Foi feito um empréstimo no valor de R$ 2.500,00, pagando-se, ao final, R$ 2.640,00. O cliente pagou, no ato da operação, um total de despesas igual a R$ 31,25. Determine as taxas nominal, efetiva e real, sabendo-se que a inflação, no período, foi de 2,5%.

Taxa nominal:

$$M = C \cdot (1 + i)^n$$
$$2.640,00 = 2.500,00 \cdot (1 + i)^1$$
$$2.640,00 - 2.500,00 = 2.500 \cdot i$$
$$i = \frac{140}{2500} = 0,056 \text{ no período ou } 5,6\% \text{ no período.}$$

Taxa efetiva:

$$M = C \cdot (1 + i)^n$$
$$2.640,00 = (2.500,00 - 31,25) \cdot (1 + i)^1$$
$$2.640,00 = 2.468,75 \,(1 + i)$$
$$2.640,00 - 2.468,75 = 2.468,75 \cdot i$$
$$i = \frac{171,25}{2.468,75} = 0,069 \text{ no período ou } 6,9\% \text{ no período.}$$

Taxa real:

O capital menos as despesas, corrigido pela inflação, é:

$$(2.500,00 - 31,25) \cdot 1,025 = 2.530,47$$
$$M = C \cdot (1 + i)^n$$
$$2.640,00 = 2.530,47 \cdot (1 + i)^1$$
$$2.640,00 - 2.530,47 = 2.530,47 \cdot i$$
$$i = \frac{109,53}{2.530,47} = 0,043284 \text{ no período ou } 4,3284\% \text{ no período.}$$

Síntese

Tratamos neste capítulo sobre os principais conceitos dos regimes de capitalização simples e composta, com análise das taxas de juros simples e composta, respectivamente. Verificamos que uma dívida contraída com juros simples tem um crescimento linear, ao passo que aquela contraída com juros compostos tem crescimento exponencial. Mostramos como diferenciar os períodos inteiro e fracionário e como aplicar juros em um período fracionário. Cotidianamente, o mercado trabalha com juros simples na parte fracionária do tempo.

Na sequência, apontamos como diferenciar uma taxa nominal de uma taxa efetiva e uma taxa aparente de uma taxa real. A taxa nominal é aquela que nos contam que será utilizada, normalmente fornecida para um período longo; já a efetiva é a que de fato pagaremos, sempre maior que a nominal. O que diferencia a taxa real da taxa aparente é o fato de a taxa real considerar a inflação do período ao qual se refere, enquanto a aparente não leva em conta tal inflação. Todos esses conhecimentos são de suma importância para a gestão financeira de uma empresa de qualquer porte.

Questões para revisão

1) Um investidor deseja depositar determinada importância num banco de investimentos para ter o direito de retirar R$ 10.000,00 no prazo de três meses e R$ 10.000,00 no prazo de seis meses. Sabendo-se que esse banco remunera os depósitos com uma taxa de 1,2% ao mês, a juros simples, determine o valor que deve ser depositado por esse investidor para lhe garantir as retiradas desejadas e a rentabilidade prometida pelo banco. Faça um fluxo de caixa para ilustrar a situação.

2) Uma loja vende um produto por R$ 9.999,00 à vista; se for a prazo, o valor fica em R$ 11.439,00, dos quais R$ 1.999,00 de entrada e o restante em um pagamento único após três meses. Qual é a taxa de juros simples da operação?

3) Calcule o montante produzido pela aplicação de R$ 9.000,00 durante 105 dias, a uma taxa de juros de 1,4% ao mês, no regime de capitalização composta, com convenção exponencial.

4) Um investidor quer resgatar R$ 35.000,00 daqui a seis meses. Se o banco oferecer uma rentabilidade de 1,8% a.m., quanto deverá aplicar hoje? Supor capitalização mensal e juro composto.

5) O que diferencia a capitalização simples da capitalização composta?

6) O que diferencia a taxa de juros reais da taxa aparente?

Questões para reflexão

1) Um capital de R$ 1.245,00 aplicado a juros simples durante três meses resultou num montante de R$ 1.301,03. Qual foi a taxa de juros simples utilizada nessa operação?

2) Uma pessoa aplicou certa quantia a juros simples de 24% ao ano durante 75 dias. Após esse prazo, recebeu R$ 23.100,00. Calcule o capital aplicado.

3) Um capital de R$ 20.550,00, aplicado a taxa de juros simples de 2% ao mês, produziu um montante de R$ 25.482,00. Calcule o prazo de aplicação.

4) Um fazendeiro possuía um estoque de 2.000 sacas de soja e, na expectativa de alta de preço do produto, recusou a oferta de compra desse estoque a R$ 1.000,00 por saca. Três meses mais tarde, vendeu o estoque a R$ 1.100,00 por saca. Sabendo que a taxa de juros simples de mercado é de 4% ao mês, verifique se o fazendeiro teve prejuízo.

5) Qual será o montante acumulado em dois anos a uma taxa de juros simples de 1,2% ao mês de um capital de R$ 1.450,00?

6) Um título de R$ 38.444,00, com vencimento em 15/06, foi resgatado em 21/02 pelo valor de R$ 34.325,00. Qual foi a taxa mensal de desconto racional simples?

7) Qual foi o desconto comercial em uma negociação cujo resultado da operação forneceu um desconto racional de R$ 2.800,00 à taxa de juros simples de 2% ao mês, num período de quatro meses?

8) Denise possui um título a receber com vencimento para daqui a oito meses de valor nominal igual a R$ 32.000,00. Nelson propõe a ela a troca por um título vencível para daqui a quatro meses no valor de R$ 29.500,00. Levando em conta a taxa de juros compostos do mercado de 2,5% a.m., verifique se a troca é vantajosa para Denise.

9) Determine a taxa mensal equivalente a uma taxa de juros compostos de 18% ao semestre. Utilize sete casas após a vírgula.

10) Em que prazo uma aplicação de R$ 15.800,00, em regime de capitalização composta mensal, a uma taxa de juros de 0,1% ao dia, produziu um montante de R$ 22.755,97?

11) Determine o valor do desconto racional composto de um título de R$ 22.452,00, descontado cinco meses antes do vencimento, à taxa efetiva de desconto racional composto de 26,82418% ao ano.

12) Um título de R$ 10.000,00 foi resgatado antes do vencimento e obteve uma taxa de desconto racional composto igual a 2,15% ao mês. Sabendo-se que o resgate foi efetuado por R$ 8.801,77, quanto tempo antes do vencimento ocorreu o resgate?

13) Um terreno custa R$ 20.000,00 à vista e pode ser adquirido em prestações mensais, com entrada e com taxa de juros de 2,9% ao mês. Se a pessoa pode dispor de R$ 902,46 por mês, quantas prestações mensais deverá pagar?

14) Um automóvel é anunciado em 20 prestações mensais iguais de R$ 1.999,00, e o primeiro pagamento ocorrerá no ato da compra. Determinar o preço à vista, sabendo que a loja cobra 1,8% ao mês de taxa de juros.

Para saber mais
Você quer conhecer mais sobre regimes de capitalização? Então, confira as dicas de livros e outros materiais (artigos, apostilas e vídeos) que preparamos.

Livros
CASTANHEIRA, N. P.; MACEDO, L. R. D. de. **Matemática financeira aplicada**. 3. ed. Curitiba: InterSaberes, 2012.

CASTANHEIRA, N. P.; SERENATO, V. S. **Matemática financeira e análise financeira para todos os níveis**. 3. ed. rev. e atual. Curitiba: Juruá, 2014.

Outros materiais
COUTINHO, M. L. **Capitalização composta**: cálculo da taxa de juros. Disponível em: <https://www.youtube.com/watch?v=AieyUhsSvjU>. Acesso em: 3 maio 2016.

____. **Capitalização simples**: cálculo de juros/taxa de juros. Disponível em: <https://www.youtube.com/watch?v=_ef4UKlTSi4>. Acesso em: 3 maio 2016.

ERLAN, J. **Taxa efetiva × taxa nominal**. Disponível em: <https://www.youtube.com/watch?v=wPnB_wjhqZQ>. Acesso em: 3 maio 2016.

Conteúdos do capítulo:
- Rendas ou Séries Uniformes.
- Modelo básico de renda.
- Renda antecipada.
- Taxa Interna de Retorno (TIR).
- Valor Presente Líquido (VPL).

Após o estudo deste capítulo, você será capaz de:
1. conceituar rendas;
2. resolver problemas de modelo básico de renda;
3. resolver problemas de renda antecipada;
4. resolver problemas de Taxa Interna de Retorno;
5. resolver problemas de Valor Presente Líquido.

6
Rendas, Taxa Interna de Retorno (TIR) e Valor Presente Líquido (VPL)

É muito comum fazermos financiamentos em prestações, mensais ou não; teremos, então, uma sucessão de pagamentos a realizar. Do outro lado do balcão, há os recebimentos. Essa sucessão de pagamentos ou recebimentos é denominada **renda**.

Quando alguém dirige-se sistematicamente ao banco para levar dinheiro ao caixa, não significa que esteja amortizando uma dívida. A intenção poderá ser, por exemplo, para aplicação em uma caderneta de poupança.

Assim, a definição completa de *renda* é: uma sucessão de pagamentos, de recebimentos ou de depósitos.

A **Taxa Interna de Retorno (TIR)** é uma taxa de desconto hipotética que, quando aplicada a um fluxo de caixa, faz com que os valores das despesas, trazidos ao valor presente, sejam iguais aos dos retornos dos investimentos, também trazidos ao valor atual. A TIR de um investimento pode ser:

a) **Maior do que a Taxa Mínima de Atratividade (TMA)**: significa que o investimento é economicamente atrativo.

b) **Igual à Taxa Mínima de Atratividade**: revela que o investimento está economicamente numa situação de indiferença e ainda é economicamente atrativo;

c) **Menor do que a Taxa Mínima de Atratividade**: aponta que o investimento não é economicamente atrativo, pois seu retorno é superado pelo retorno de um investimento com o mínimo de retorno já definido.

O **Valor Presente Líquido (VPL)**, também conhecido como *Valor Atual Líquido (VAL)*, é a fórmula matemático-financeira utilizada para determinar o valor presente de pagamentos futuros descontados a uma taxa de juros estipulada menos o custo do investimento inicial. Basicamente, é o cálculo de quanto os futuros pagamentos, somados a um custo inicial, estariam valendo atualmente. O VPL serve para analisar se um investimento deve ou não ser feito.

Para o cálculo do valor presente das entradas e saídas de caixa é utilizada a TMA como taxa de desconto.

O VPL pode ser:

a) **Maior do que zero**: significa que o investimento poderá ser feito, pois, como o VPL é positivo, o projeto cobrirá tanto o investimento inicial quanto a remuneração mínima exigida pelo investidor, gerando ainda um excedente financeiro.
b) **Igual a zero**: revela que o investimento terá exatamente a TMA prevista, daí ser necessária uma análise cuidadosa para viabilizar ou não o investimento.
c) **Menor do que zero**: aponta que o investimento não deverá ser feito, pois é economicamente inviável.

Na Figura 6.1, mostramos a sequência dos estudos de rendas, de TIR e de VPL apresentados neste capítulo.

Figura 6.1 – Sequência dos assuntos a estudar em rendas, TIR e VPL

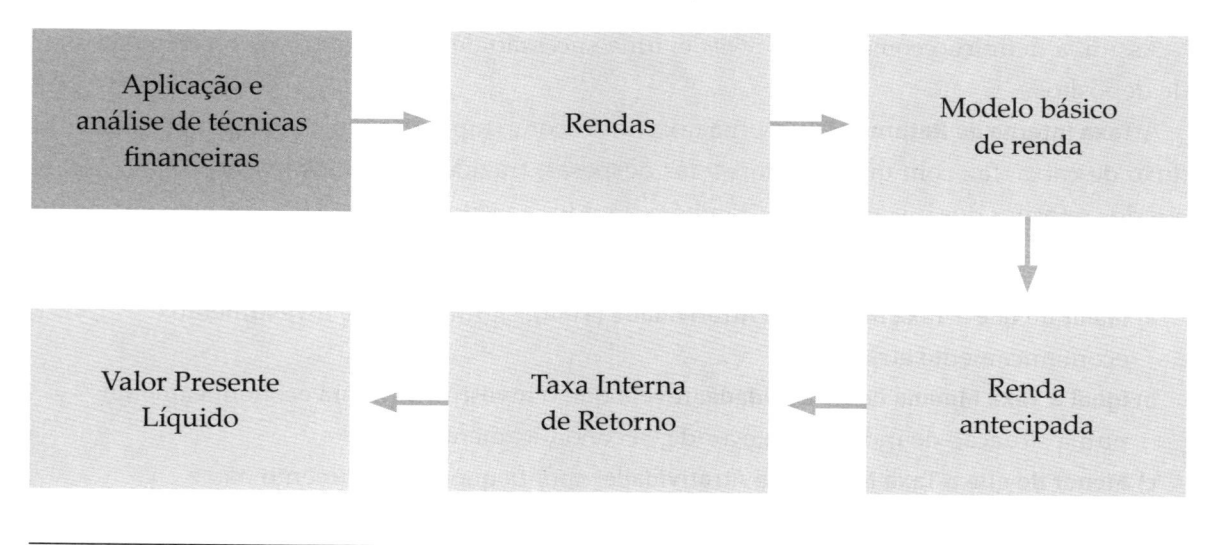

Aplicação e análise de técnicas financeiras → Rendas → Modelo básico de renda → Renda antecipada → Taxa Interna de Retorno → Valor Presente Líquido

6.1 Problematização

O que é uma renda? Também conhecida como *série uniforme de pagamento*, é uma sucessão de pagamentos, de recebimentos ou de depósitos. Apresenta características próprias quanto ao prazo, ao valor, à periodicidade e à forma de pagamento.

E quando a renda se denomina *modelo básico*? Isso ocorre quando simultaneamente ela é temporária (ou seja, sabemos quantas são as parcelas), constante (as parcelas são todas iguais), periódica (o intervalo entre as parcelas é sempre o mesmo), imediata (não tem carência) e postecipada (não tem entrada).

O que é uma renda antecipada? Ela tem todas as características do modelo básico de renda, com uma única exceção: a primeira das parcelas é dada no ato da compra. Observe que esta tem o mesmo valor das demais parcelas.

E o que é uma renda diferida? É aquela em que existe um prazo de carência. É importante notar que, durante a carência, nenhum valor financeiro foi pago e é cobrado juro.

Onde utilizamos a TIR e o VPL? Sempre que precisarmos tomar uma decisão de investir ou não em algum empreendimento, a TIR e o VPL são ferramentas que nos ajudam a seguir o caminho mais acertado. Um investimento é economicamente atrativo quando a TIR for superior à TMA e quando o VPL for positivo.

6.2 Renda

A sucessão de depósitos ou de pagamentos, em épocas diferentes, destinados a formar um capital ou a pagar uma dívida é denominada **renda**.

As rendas são classificadas de acordo com quatro parâmetros: prazo, valor, forma e periodicidade.

Quanto ao prazo, podem ser:

a) Temporárias: têm duração limitada (por exemplo, prestações de uma geladeira).

b) Perpétuas: têm duração ilimitada (por exemplo, aluguel, condomínio, aposentadoria).

Quanto ao valor dos recebimentos ou dos pagamentos, temos rendas:

a) Constantes: quando todos os pagamentos ou recebimentos têm valores iguais.

b) Variáveis: quando os pagamentos ou recebimentos têm valores diferentes.

Quanto à forma, os pagamentos ou recebimentos se classificam em:

a) Imediatos: quando o primeiro pagamento ou recebimento ocorre no primeiro período.
- postecipados: no final do período, ou seja, sem entrada;
- antecipados: no início do período, ou seja, com entrada igual às demais prestações.

b) Diferidos: quando o primeiro pagamento ou recebimento não ocorre no primeiro período.

- **Postecipados**: quando desconsiderada a carência, temos uma situação idêntica à das rendas imediatas postecipadas, isto é, o primeiro pagamento ou recebimento ocorre um período após o término da carência ou diferimento;
- **Antecipados**: quando desconsiderada a carência, temos uma situação idêntica à das rendas imediatas antecipadas, isto é, o primeiro pagamento ou recebimento coincide com o final da carência ou diferimento.

Quanto à periodicidade, as rendas podem ser:

a) Periódicas: quando todos os intervalos entre os pagamentos ou recebimentos são iguais;
b) Não periódicas: quando os intervalos não são iguais entre as parcelas.

O modelo mais comum de renda é aquele que apresenta as seguintes características:

a) Sabemos quantas são as parcelas; portanto, é temporária.
b) As parcelas são todas iguais; portanto, é constante.
c) A preocupação imediata é com o pagamento das parcelas; portanto, não há carência.
d) É postecipada; portanto, não há entrada.
e) O intervalo entre sucessivas parcelas é constante; portanto, é periódica.

Chamamos esse modelo de *modelo básico de renda*.

6.2.1 Modelo básico de renda

Entendemos por *modelo básico de renda* a série uniforme de pagamentos ou de recebimentos que for simultaneamente temporária, constante, imediata, postecipada e periódica. É importante lembrar que a capitalização é composta, ou seja, juros sobre juros.

Para determinarmos o valor atual (ou valor presente) de uma sucessão de pagamentos ou recebimentos, somamos o valor atual do desconto racional composto de cada parcela da renda, ou seja, o valor atual de cada parcela da série de pagamentos ou recebimentos pelo desconto racional composto e, em seguida, somamos os valores assim encontrados. Cada parcela de uma série de pagamentos ou recebimentos passará a ser denominada *prestação* (p).

O cálculo do valor atual é feito pela fórmula:

$$V = p \cdot \left[\frac{(1+i)^n - 1}{(1+i)^n \cdot i} \right]$$

Em que:
- V é o valor atual (ou valor presente) ou capital; é o valor à vista de um bem que será financiado em n parcelas;
- p é o valor das prestações (recebimentos ou pagamentos);
- n é o número de parcelas;
- i é a taxa de juros compostos.

Exemplo 1

Determine o valor à vista de uma série de seis prestações (títulos) iguais a R$ 20.000,00, vencíveis mensalmente a partir do primeiro mês. Sabe-se que a taxa é de 5% a.m.

p = 20.000,00
i = 5% a.m. = 0,05 a.m.
n = 6
V = ?

$$V = p \cdot \left[\frac{(1+i)^n - 1}{(1+i)^n \cdot i} \right]$$

$$V = 20.000,00 \cdot \left[\frac{(1+0,05)^6 - 1}{(1+0,05)^6 \cdot 0,05} \right]$$

V = 101.513,84

A expressão $\frac{(1+i)^n - 1}{(1+i)^n \cdot i}$ é denominada *Fator de Valor Atual* (FVA) ou *Fator de Atualização de Prestações* (FAP), que define a confecção de tablitas de financiamento. Representa-se como:

FVA (n|i) ou FAP (n|i) ou FVA (n;i) ou FAP (n;i)

Exemplo 2

Um bem custa R$ 30.000,00 e não tenho esse dinheiro. Como posso pagar por ele em três vezes, considerando a taxa de mercado igual a 7% ao mês?

Vr = 30.000,00

$$Vr = \frac{M}{(1+i)^{n1}} + \frac{M}{(1+i)^{n2}} + \frac{M}{(1+i)^{n3}}$$

$$30.000,00 = \frac{M}{(1+0,007)^1} + \frac{M}{(1+0,07)^2} + \frac{M}{(1+0,07)^3}$$

$$30.000,00 = \frac{M}{1,07} + \frac{M}{1,1449} + \frac{M}{1,225043}$$

Para encontrarmos o mínimo múltiplo comum dos denominadores, basta multiplicarmos os três valores e obtemos 1,507.

$$30.000,00 = \frac{1,40255173 \cdot M + 1,310796 \cdot M + 1,2251043 \cdot M}{1,500730352}$$

$$30.000{,}00 = \frac{3{,}93845203 \cdot M}{1{,}500730352}$$

$M = 11.431{,}37.$

Esse é o valor das três parcelas mensais.

Exemplo 3

Um televisor de 41 polegadas custa R$ 7.300,00 à vista, mas pode ser financiado sem entrada e em dez prestações mensais iguais. Considerando uma taxa de 3% a.m., qual é o valor da prestação?

$V = 7.300{,}00$

$n = 10$

$i = 3\%$ a.m. $= 0{,}03$ a.m.

$p = ?$

$$V = p \cdot \left[\frac{(1+i)^n - 1}{(1+i)^n \cdot i} \right]$$

$$7.300{,}00 = p \cdot \left[\frac{(1+0{,}03)^{10} - 1}{(1+0{,}03)^{10} \cdot 0{,}03} \right]$$

$$p = \frac{7.300{,}00}{8{,}530202909}$$

$p = 855{,}78$

Poderíamos supor que, para a compra desse televisor, foi dada uma entrada de R$ 2.000,00 e o restante foi pago em dez prestações iguais. Qual será, nesse caso, o valor das prestações?

Como houve uma entrada de R$ 2.000,00, o valor a ser financiado é de R$ 5.300,00. Então, temos:

$$V = p \cdot \left[\frac{(1+i)^n - 1}{(1+i)^n \cdot i} \right]$$

$$5.300{,}00 = p \cdot \left[\frac{(1+0{,}03)^{10} - 1}{(1+0{,}03)^{10} \cdot 0{,}03} \right]$$

$$p = \frac{5.300{,}00}{8{,}530202909}$$

$p = 621{,}32$

Estudaremos agora as **parcelas**, também denominadas *depósitos*, que se relacionam a um valor futuro, um montante, após determinado número de depósitos. Para saber se estamos diante de uma renda do modelo básico postecipada ou de uma renda antecipada, devemos observar o último intervalo da série. Conforme já vimos, a renda é postecipada quando a parcela ocorre no final do intervalo; o valor futuro acontece na data do último depósito.

Podemos determinar o montante de rendas, basicamente, de três maneiras distintas: pelo somatório dos montantes de cada depósito, pela fórmula ou pela calculadora financeira.

Exemplo 4

Uma pessoa deposita mensalmente numa caderneta de poupança programada o valor de R$ 5.000,00. Sabendo que o banco paga juros de 1,5% a.m., quanto essa pessoa terá no momento do quarto depósito?

$p = 5.000,00$
$i = 1,5\%$ a.m. $= 0,015$ a.m.
$n = 4$
$M = ?$

Vamos inicialmente efetuar os cálculos pelo somatório dos montantes de cada depósito. O primeiro depósito será capitalizado por três períodos:

$M = V \cdot (1 + i)^n$
$M_1 = 5.000,00 \cdot (1 + 0,015)^3$
$M_1 = 5.228,39$

O segundo depósito será capitalizado por dois períodos:

$M_2 = 5.000,00 \cdot (1 + 0,015)^2$
$M_2 = 5.151,13$

O terceiro depósito será capitalizado por um período:

$M_3 = 5.000,00 \cdot (1 + 0,015)^1$
$M_3 = 5.075,00$

O quarto depósito não será capitalizado, pois $n = 0$:

$M_4 = 5.000,00 \cdot (1 + 0,015)^0$
$M_4 = 5.000,00$

O somatório dos valores futuros é:

$M = M_1 + M_2 + M_3 + M_4$
$M = 20.454,52$

O cálculo do valor futuro é feito pela fórmula:

$$M = p \cdot \frac{(1+i)^n - 1}{i}$$

$$M = 5.000,00 \cdot \frac{(1+0,015)^4 - 1}{0,015}$$

$$M = 5.000,00 \cdot 4,0909$$

$$M = 20.454,52$$

6.2.2 Renda antecipada

A renda é antecipada em relação ao valor atual quando a primeira parcela ocorre na data zero, ou seja, é dada uma entrada de mesmo valor que as demais parcelas.

Para o cálculo do valor atual de rendas antecipadas, utiliza-se o mesmo conceito de rendas postecipadas. No entanto, como os pagamentos ou recebimentos acontecem com a antecipação de um período, multiplica-se a fórmula original por $(1 + i)$. Assim, temos:

$$V = p \cdot \left[\frac{(1+i)^n - 1}{(1+i)^n \cdot i} \right] \cdot (1+i)$$

Exemplo 5

Suponha que o televisor do exemplo 3, cujo preço à vista é de R$ 7.300,00, será financiado em dez prestações iguais, com uma taxa de 3% a.m., e teve uma delas paga no ato da compra (na data zero). Qual é o valor das prestações?

$$7.300,00 = p \cdot \left[\frac{(1+0,03)^{10} - 1}{(1+0,03)^{10} \cdot 0,03} \right] (1+0,03)$$

$$7.300,00 = p \cdot 8,530202909 \cdot 1,03$$

$$p = 830,86$$

Para o cálculo do montante, ou valor futuro, utilizamos a fórmula:

$$M = p \cdot \frac{(1+i)^n - 1}{i} \cdot (1+i)$$

Exemplo 6

Uma pessoa deseja comprar um terreno daqui a cinco meses no valor de R$ 50.000,00. Quanto deverá depositar no início de cada mês, se receber juros à taxa de 1,5% ao mês? Pela fórmula anterior, temos:

$$p = \frac{M \cdot i}{[(1+i)^n - 1] \cdot (1+i)}$$

$$p = \frac{50.000,00 \cdot 0,015}{[(1+0,015)^5 - 1] \cdot (1+0,015)}$$

$$p = \frac{750,00}{0,078443264}$$

$$p = 9.561,05$$

Verificamos que o valor dos depósitos será de R$ 9.561,05.

Exemplo 7

Um automóvel é anunciado em 20 prestações mensais iguais de R$ 1.999,00, com o primeiro pagamento no ato da compra. Determine o preço à vista, sabendo que a loja cobra 1,8% ao mês de taxa de juros.

$p = 1.999,00$
$i = 1,8\%$ a.m. $= 0,018$ a.m.
$n = 20$
$V = ?$

$$V = p \cdot \left[\frac{(1+i)^n - 1}{(1+i)^n \cdot i} \right] \cdot (1+i)$$

$$V = 1.999,00 \cdot \left[\frac{(1+0,018)^{20} - 1}{(1+0,018)^{20} \cdot 0,018} \right] \cdot (1+0,018)$$

$V = 1.999,00 \cdot 16,6714663 \cdot 1,018$
$V = 33.926,13$

6.2.3 Rendas diferidas

Rendas diferidas são aquelas em que existe um prazo de carência. Elas podem ser postecipadas ou antecipadas.

No caso das antecipadas em relação a um valor atual, a primeira parcela vence juntamente com a carência; já nas postecipadas, a primeira parcela vence um período após a carência.

Quando estamos efetuando cálculos sobre rendas diferidas, utilizamos as fórmulas do modelo básico de renda (ou as fórmulas de renda antecipada) e as fórmulas de capitalização composta.

Como é possível escolher entre usar o modelo básico de renda e usar a renda antecipada obtendo o mesmo resultado, vamos apresentar os cálculos utilizando o modelo básico de renda.

Exemplo 8

Uma pessoa receberá 12 prestações mensais iguais a R$ 20.000,00 com uma carência de 12 meses. Sabendo que a taxa de juros é de 4% a.m., determine o valor atual com as prestações vencendo no final do intervalo.

V = ?
p = 20.000,00
i = 4% a.m. = 0,04 a.m.
n = 12 prestações
n de carência = 12 m.

$$V = p \cdot \left[\frac{(1+i)^n - 1}{(1+i)^n \cdot i}\right]$$

$$V = 20.000,00 \cdot \left[\frac{(1+0,04)^{12} - 1}{(1+0,04)^{12} \cdot 0,04}\right]$$

$$V = 20.000,00 \cdot \frac{0,601032219}{0,064041288}$$

$$V = 187.701,48$$

Esse valor representa o valor atual um período antes do primeiro pagamento, pois utilizamos rendas postecipadas. Logo, falta ainda calcular o valor atual considerando o período de carência.

Como o pagamento será feito no final do intervalo, é uma renda diferida postecipada e a carência é de 12 meses. Vamos, então, calcular o valor atual na data zero.

$$V = \frac{M}{(1+i)^n}$$

$$V = \frac{187.701,48}{(1+0,04)^{12}}$$

$$V = 117.237,79$$

Exemplo 9

Uma pessoa receberá 12 prestações mensais iguais a R$ 20.000,00, com uma carência de 12 meses. Sabendo que a taxa de juros é de 4% a.m., determine o valor atual, com as prestações vencendo no início do intervalo.

V = ?
p = 20.000,00
i = 4% a.m. = 0,04 a.m.
n = 12 prestações
n de carência = 11 m

$$V = p \cdot \left[\frac{(1+i)^n - 1}{(1+i)^n \cdot i}\right]$$

$$V = 20.000,00 \cdot \left[\frac{(1+0,04)^{12} - 1}{(1+0,04)^{12} \cdot 0,04} \right]$$

$$V = 187.701,48$$

Esse valor representa o valor atual um período antes do primeiro pagamento, pois utilizamos rendas postecipadas. Logo, falta ainda calcular o valor atual considerando o período de carência.

Como o pagamento será feito no início do intervalo, é uma renda diferida antecipada. Assim, se tivéssemos utilizado a fórmula de rendas antecipadas, teríamos uma carência de 12 meses, mas, como nos apropriamos das rendas postecipadas, teremos um intervalo a menos de carência, ou seja, 11 meses. Vamos, então, calcular o valor atual na data zero.

$$V = \frac{M}{(1+i)^n}$$

$$V = \frac{187.701,48}{(1+0,04)^{11}}$$

$$V = 121.927,30$$

Talvez pareça estranho que o valor atual da renda diferida antecipada seja maior que o da renda diferida postecipada, mas isso é facilmente explicável. Quanto maior é o prazo, maior é o valor dos juros. Assim, como a prestação em renda diferida antecipada é paga um mês antes do pagamento da prestação em renda diferida postecipada, teremos na renda diferida antecipada um intervalo a menos de juros que na renda diferida postecipada.

6.3 Taxa Interna de Retorno (TIR)

Taxa de retorno ou *taxa interna de um fluxo de caixa* é a taxa de juros compostos (taxa de desconto) que anula seu valor presente (valor atual); é necessário observar o valor algébrico de suas parcelas de acordo com o seguinte critério:

a) os recebimentos (ou depósitos) terão sinal positivo, por representarem entradas de caixa;
b) os pagamentos terão sinal negativo, por representarem saídas de caixa.

Em uma operação de crédito, verificamos que as partes contratantes, a financeira e o comprador, apresentam fluxos de caixa iguais e opostos.

A taxa de retorno é normalmente obtida pelo processo de tentativas, isto é, arbitramos uma taxa de juros e calculamos o valor atual do fluxo de caixa para tal taxa. Se o valor atual for nulo, então a taxa utilizada para o desconto é a taxa de retorno; caso contrário, devemos arbitrar nova taxa de juros e repetir o processo até encontrar aquela que satisfaça essa condição. A determinação exata da taxa de retorno é, portanto, bastante trabalhosa, por isso adotamos com frequência um valor aproximado, o qual é obtido por interpolação linear entre duas taxas de juros que delimitam o valor procurado.

Assim, apresentaremos a seguir exemplos com a utilização de uma calculadora financeira HP 12c.

Exemplo 10

Um financiamento de R$ 5.000,00 será pago em três parcelas consecutivas de R$ 1.500,00, R$ 2.300,00 e R$ 2.000,00, respectivamente, em um mês, dois meses e três meses. Calcule o custo efetivo do financiamento.

Vamos inicialmente representar o problema esquematicamente:

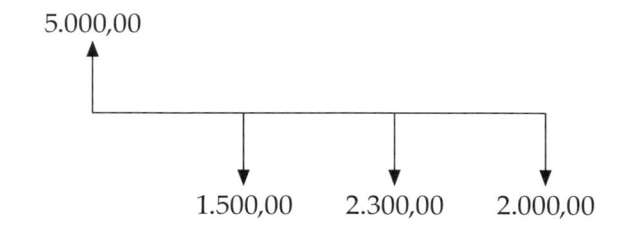

```
              5.000,00
                 ▲
                 │
         ┌───────┼───────┬───────┐
         ▼       ▼       ▼
      1.500,00  2.300,00  2.000,00
```

Pela calculadora HP 12c:

f	REG	
5000	g	CF_0
1500	CHS	g	CFj
2300	CHS	g	CFj
2000	CHS	g	CFj
f	IRR	(7,4530%)

Como comprovar esse valor? Pela definição de TIR, tem-se:

$$5.000,00 = \frac{1.500,00}{(1+0,07453)^1} + \frac{2.300,00}{(1+0,07453)^2} + \frac{2.000,00}{(1+0,07453)^3}$$

$$5.000,00 = 1.395,96 + 1.992,01 + 1.612,03$$

Observe que, sem o uso de uma calculadora financeira, o processo é demasiadamente demorado. Para a determinação da TIR nesse caso, utilizaríamos o processo de interpolação linear, que consiste em tentativa e erro. Por essa razão, neste livro, estudaremos o cálculo da TIR somente com o uso da calculadora financeira.

Exemplo 11

Suponha uma operação de crédito direto ao consumidor para a compra de uma máquina, cujo valor à vista é de R$ 70.000,00 e que será adquirida em dez prestações mensais e iguais, sem entrada, de R$ 8.206,14. Qual é a taxa interna de retorno dessa operação?

Pela calculadora HP 12c:

f	REG	
70000	CHS	PV
8206.14	PMT	
10	n	
i	(3% ao mês)	

Exemplo 12

Uma compra, cujo valor à vista é de R$ 3.245,00, pode ser paga com uma entrada de 10%, mais três parcelas mensais de R$ 1.000,00, R$ 1.200,00 e R$ 1.400,00, respectivamente. Considerando que a primeira parcela será paga três meses após a compra, calcule o custo efetivo do financiamento.

Pela calculadora HP 12c:

f	REG					
3245	ENTER	10	%	−	g	CF_0
0	g	CFj				
0	g	CFj				
1000	CHS	g	CFj			
1200	CHS	g	CFj			
1400	CHS	g	CFj			
f	IRR	(5,24172% ao mês)				

Exemplo 13

Um cidadão comprou um apartamento, cujo valor à vista era de R$ 400.000,00. Pagou R$ 100.000,00 de entrada, mais seis prestações mensais, iguais e consecutivas de R$ 25.000,00 e outras oito mensais, iguais e consecutivas de R$ 28.000,00. Calcule a Taxa Interna de Retorno (TIR) desse financiamento. A primeira prestação venceu um mês após a compra.

Pela calculadora HP 12c:

f	REG					
400000	ENTER	100000	−		g	CF_0
25000	CHS	g	CFj			
6	g	Nj				
28000	CHS	g	CFj			
8	g	Nj				
f	IRR	(3,00183% ao mês)				

6.3.1 Taxa Mínima de Atratividade (TMA)

Conforme Castanheira e Serenato (2014, p. 121), o capital geralmente é escasso, razão por que o sistema de oferta e procura da economia fornece um preço para seu uso. Isso faz com que, mesmo sendo usado pelo próprio dono, ele apresente um custo: o custo da oportunidade perdida (deixa de auferir pelo menos a rentabilidade oferecida pelo mercado).

Assim, para que dado investimento seja atrativo, ele deve render mais que as oportunidades de investimento perdidas por causa dele. Não se tem geralmente um conhecimento preciso sobre as oportunidades perdidas. Uma sensibilidade sobre o assunto permite determinar uma taxa de rentabilidade que represente essas aplicações. Esta deve ser a taxa mínima que uma nova proposta de investimento deverá render para ser atrativa: é a chamada **Taxa Mínima de Atratividade** (TMA).

Ela pode ser adotada como uma política geral da empresa e alterada conforme o risco oferecido pelo investimento, dependendo do capital disponível para investir, da tendência geral de surgimento de aplicações mais relevantes, do custo do capital ou até mesmo da estrutura do capital da empresa.

6.4 Valor Presente Líquido (VPL)

Em determinados momentos, uma empresa está na dúvida se deve investir ou não em determinado negócio, máquina, projeto etc. Nesse caso, é necessário conhecer, ou estimar, a rentabilidade desse negócio, período a período, para determinar o Valor Presente Líquido (VPL) e, com base nisso, escolher a melhor alternativa.

O VPL, portanto, é uma ferramenta para a tomada de decisão. Consiste em trazer para o dia zero (valor atual) cada valor futuro de uma série de pagamentos, recebimentos ou depósitos. Do somatório desses valores atuais, deduz-se o valor do investimento a ser feito e obtém-se o chamado *VPL*. Quando este for nulo ou positivo, o negócio deve ser feito, pois significa que teremos um rendimento igual ou superior à TMA; caso contrário, o negócio deve ser rejeitado.

O VPL pode, então, ser obtido pela fórmula:

$$VPL = \frac{M_1}{(1+i)^1} + \frac{M_2}{(1+i)^2} + \frac{M_3}{(1+i)^3} + ... + \frac{M_n}{(1+i)_n} - C$$

Em que "i" é a TMA.

Vamos representar esse fluxo de caixa:

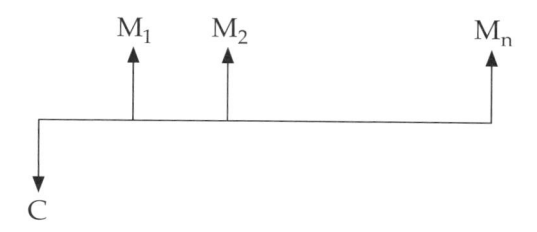

Observe que **i** é a taxa de juros compostos da operação financeira ou a TMA desejada em um investimento.

Exemplo 14

Uma empresa de radiotáxi está analisando a possibilidade de adquirir, para a sua frota, veículos no valor unitário de R$ 40.000,00, sabendo que as receitas líquidas estimadas, em cinco anos, são de R$ 18.000,00, R$ 18.500,00, R$ 19.200,00, R$ 20.000,00 e R$ 21.200,00, respectivamente.

Ao final do quinto ano, o valor residual do veículo será de R$ 12.000,00.

Verifique se a empresa deve ou não investir nesses veículos para uma taxa de retorno de 18% ao ano.

$$VPL = \frac{18.000}{(1+0,18)^1} + \frac{18.500}{(1+0,18)^2} + \frac{19.200}{(1+0,18)^3} + \frac{20.000}{(1+0,18)^4} + \frac{31.200}{(1+0,18)^5} - 40.000$$

Observe que, no quinto ano, somou-se o valor residual à receita líquida estimada.

$VPL = 15.254,24 + 13.286,41 + 11.685,71 + 10.315,78 + 13.637,81 - 40.000$

$VPL = 24.179,95$

Vamos representar esse fluxo de caixa:

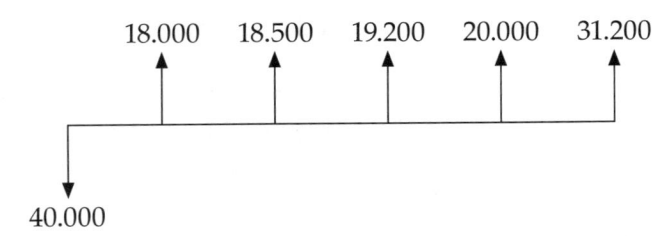

Obtivemos um VPL positivo, o que significa que a taxa efetiva de retorno é superior à taxa de retorno de 18% ao ano; logo, a empresa deve investir na aquisição desses veículos.

Exemplo 15

Suponha, no exemplo anterior, que o valor do veículo seja de R$ 59.000,00 e que a taxa mínima de retorno desejada seja de 22% ao ano. Levando em conta as mesmas receitas líquidas, verifique se a empresa deve ou não investir nos veículos.

$$VPL = \frac{18.000}{(1+0,22)^1} + \frac{18.500}{(1+0,22)^2} + \frac{19.200}{(1+0,22)^3} + \frac{20.000}{(1+0,22)^4} + \frac{31.200}{(1+0,22)^5} - 59.000$$

$VPL = 14.754,10 + 12.429,45 + 10.573,57 + 9.027,98 + 11.543,98 - 59.000$

$VPL = -670,92$

Agora, obtivemos um VPL negativo, o que significa que a taxa efetiva de retorno é inferior a 22% ao ano; logo, a empresa não deve investir na aquisição desses veículos.

> ## Síntese
> Neste capítulo, tratamos das rendas (ou séries uniformes de pagamentos), com especial atenção ao modelo básico de renda. Vimos também a renda antecipada, ou seja, aquela em que o pagamento foi dado como entrada, e a diferida, isto é, aquela na qual houve um prazo de carência. Uma renda é uma sucessão de pagamentos, de recebimentos ou de depósitos e está presente em nosso cotidiano sempre que financiamos algum bem. Na sequência, analisamos a Taxa Interna de Retorno (TIR) de um investimento e, para concluir, apresentamos o Valor Presente Líquido (VPL), importante ferramenta para a tomada de decisão na hora de fazer um investimento.

Questões para revisão

1) Um automóvel é anunciado em 36 prestações mensais iguais de R$ 1.499,00, com o primeiro pagamento no ato da compra. Determine o preço à vista dele, sabendo que a loja cobra 1,99% ao mês de taxa de juros.

2) Uma loja anuncia a venda de um aspirador de pó em dez prestações mensais de R$ 199,00, com carência de três meses. Qual será o preço à vista do eletrodoméstico se a taxa de juros for de 2,98% ao mês e se a compra for efetuada sem entrada?

3) Verifique a viabilidade do investimento representado no fluxo de caixa (tabela a seguir) para uma Taxa Média de Atratividade (TMA) de 12% ao ano.

Fluxo de caixa de um investimento

Ano	Valor
0	− 2.000,00
1	500,00
2	500,00
3	500,00
4	500,00
5	500,00

4) Uma empresa que trabalha com Taxa Média de Atratividade (TMA) de 20% ao ano está em dúvida quanto a que projeto escolher para investir entre os quatro representados na tabela a seguir. Verifique qual projeto deve ser escolhido.

Quatro projetos para investimento

Ano	Projeto A	Projeto B	Projeto C	Projeto D
0	− 45.000,00	− 45.000,00	− 45.000,00	− 45.000,00
1	10.000,00	15.000,00	10.000,00	15.000,00
2	15.000,00	15.000,00	10.000,00	10.000,00
3	15.000,00	15.000,00	10.000,00	15.000,00
4	10.000,00	10.000,00	15.000,00	10.000,00
5	10.000,00	10.000,00	15.000,00	15.000,00
6	15.000,00	10.000,00	15.000,00	15.000,00
TIR				

5) Quais são as características de um modelo básico de renda?

6) O que é um renda deferida?

Questões para reflexão

1) Um televisor de tela plana custa R$ 11.999,00 à vista. Se o cliente pretende pagá-lo em cinco prestações mensais, sem entrada, com a primeira paga três meses após a compra, e se a loja cobrar 3,98% ao mês de taxa de juros, qual será o valor de cada prestação?

2) Uma pessoa investiu R$ 50.000,00 em uma operação para receber R$ 10.000,00 mensais durante oito anos. Supondo uma Taxa Média da Atratividade (TMA) igual a 12% ao ano, verifique se esse investimento é atrativo.

3) Verifique a viabilidade do investimento representado no fluxo de caixa (tabela a seguir) para uma Taxa Média de Atratividade (TMA) de 2% ao ano.

Fluxo de caixa de um investimento

Ano	Valor
0	− 5.000,00
1	0
2	500,00
3	600,00
4	700,00
5	800,00
6	900,00
7	1.000,00
8	2.000,00

4) Uma empresa deseja adquirir novas máquinas para sua linha de produção no valor de R$ 500.000,00, que gerarão uma receita líquida de R$ 170.000,00 ao ano durante cinco anos. Ao final do último ano, o valor residual das máquinas (preço de venda) será de R$ 75.000,00. Verifique se a empresa deve efetuar a compra para uma TIR de 20% e para uma TIR de 25%.

Para saber mais

Os assuntos tratados neste capítulo podem ser aprofundados, por isso indicamos os seguintes materiais (livros, artigos, vídeos etc.). Vale a pena conferir.

Livros

CASTANHEIRA, N. P.; MACEDO, L. R. D. **Matemática financeira aplicada**. 3. ed. Curitiba: InterSaberes, 2012.

CASTANHEIRA, N. P.; SERENATO, V. S. **Matemática financeira e análise financeira para todos os níveis**. 3. ed. Curitiba: Juruá, 2014.

Outros materiais

AVILA, T. M. **O que é VPL, TIR e payback**? Disponível em: <https://www.youtube.com/watch?v=uZpa-hGLy_o>. Acesso em: 3 maio 2016.

BRUNI, A. L. **Matemática financeira**: séries uniformes. Disponível em: <http://pt.slideshare.net/albruni/aulas-de-matematica-financeira-series-uniformes>. Acesso em: 3 maio 2016.

MARTINS, M. V. **Matemática financeira**: amortização com renda diferida. Disponível em: <https://www.youtube.com/watch?v=ZXGShgAoAjM>. Acesso em: 3 maio 2016.

MOITA, F. **Avaliação econômica de projetos de investimento**. Disponível em: <https://www.youtube.com/watch?v=Ck2OwjCwp2c>. Acesso em: 3 maio 2016.

VALOR Presente Líquido (VPL). **Cavalcante Consultores**. Disponível em: <http://www.cavalcanteassociados.com.br/article.php?id=61>. Acesso em: 3 maio 2016.

ZAMARIOLA, L. **Caso prático**: cálculo de payback, VPL e TIR. Disponível em: <https://www.youtube.com/watch?v=m9LPqRZFS6c>. Acesso em: 3 maio 2016.

Para concluir...

O estudo do cálculo, ao contrário do que a maioria das pessoas acredita, é simples desde que realizado com certo critério. Deve ser seguida uma sequência lógica, com explicações em textos elaborados com simplicidade, em linguagem dialógica, acompanhados de exemplos resolvidos. Após a análise desses exemplos, o estudante deve praticar, resolvendo outros exercícios similares, normalmente indicados na obra que tem em mãos. Este livro tem este propósito: tornar o cálculo de fácil assimilação e permitir a qualquer pessoa uma evolução natural ao longo de seus estudos.

Assim, ele foi elaborado em capítulos que dão uma visão completa dos temas que um administrador precisa entender para desempenhar com êxito sua função de gestor em uma empresa de pequeno, de médio ou de grande porte. A obra contempla o raciocínio lógico, a estatística descritiva, o estudo da teoria das probabilidades, dos métodos quantitativos, com especial atenção à correlação, à regressão linear e à matemática financeira. Em todos os casos, o leitor foi instrumentalizado com ferramentas para a tomada de decisão.

Referências

ABAR, C. A. A. P. **Noções de lógica matemática**. São Paulo: Pontifícia Universidade Católica de São Paulo, 2011. Disponível em: <http://www.pucsp.br/~logica/>. Acesso em: 16 jan. 2016.

ALENCAR FILHO, E. de. **Iniciação à lógica matemática**. São Paulo: Nobel, 2002.

ASSAF NETO, A. **Matemática financeira e suas aplicações**. 4. ed. São Paulo: Atlas, 1998.

BRACARENSE, P. A.; FERREIRA, M. E. M. **Métodos quantitativos matemáticos**. Curitiba: Iesde, 2011.

BUSSAB, W. de O.; MORETTIN, P. A. **Estatística básica**. 5. ed. São Paulo: Saraiva, 2002.

CABRAL, L. C.; NUNES, M. C. **Raciocínio lógico passo a passo ESAF**. 2. ed. rev. e ampl. Rio de Janeiro: Elsevier, 2012.

CASTANHEIRA, N. P. **Estatística aplicada a todos os níveis**. 5. ed. Curitiba: InterSaberes, 2010.

_____. **Métodos quantitativos**. Curitiba: Ibpex, 2008.

CASTANHEIRA, N. P.; MACEDO, L. R. D. de. **Matemática financeira aplicada**. 3. ed. Curitiba: InterSaberes, 2012.

CASTANHEIRA, N. P.; SERENATO, V. S. **Matemática financeira e análise financeira para todos os níveis**. 3. ed. rev. e atual. Curitiba: Juruá, 2014.

FARIAS, A. A. de.; SOARES, J. F.; CÉSAR, C. C. **Introdução à estatística**. 2. ed. Rio de Janeiro: LTC, 2003.

FIÚZA, E. P. S.; MOTTA, R. S. **Métodos quantitativos em defesa da concorrência e regulação econômica**. Rio de Janeiro: Ipea, 2006.

NEDER, H. D. **Estudos de casos**. Curso de Introdução à Estatística Econômica e Aplicada. Uberlândia: Universidade Federal de Uberlândia, 2000. Disponível em: <http://www.ecn26.ie.ufu.br/TEXTOS_ESTATISTICA/ESTUDOS_DE_CASOS.pdf>. Acesso em: 3 maio 2016.

OBMEP – Olimpíada Brasileira de Matemática das Escolas Públicas. 2010. Disponível em: <http://www.obmep.org.br/bq/bq2010.pdf>. Acesso em: 20 jan. 2016.

SÁ, I. P. de. **Raciocínio lógico**: concursos públicos/formação de professores (teoria, questões comentadas, exercícios propostos). Rio de Janeiro: Ciência Moderna, 2008.

SIQUEIRA, J. de O. **Fundamentos de métodos quantitativos**: aplicados em administração, economia, contabilidade e atuária usando Wolfram-Alpha e Scilab. São Paulo: Saraiva, 2014.

Respostas

CAPÍTULO 1

Questões para revisão

1) b
Explicação: Nesse caso, a relação entre elas é de idade.

2) e
Explicação: O oposto de "hesitação" é "firmeza".

3) a
Explicação: O sinônimo de "continuidade" é "frequência".

4) c
Explicação: Fazendo as tabelas-verdade das cinco proposições, a letra "c" é a única cujo valor lógico é sempre verdadeiro.

5) Uma tautologia é uma proposição composta cuja tabela-verdade será sempre verdadeira, ao passo que uma contradição é uma proposição composta cuja tabela-verdade será sempre falsa.

6) Uma sentença não é uma proposição nas seguintes situações:
- Oração exclamativa.
- Oração interrogativa.
- Oração imperativa.
- Sentença aberta
- Oração optativa.
- Oração sem verbo.

7) e

8) c

9) c

10) b

11) d

Questões para reflexão

1) b

Explicação: O maracujá possui mais de uma semente.

2) a

Explicação: A vaca não é um animal carnívoro.

3) a

Explicação: O antônimo de "alegria" é "tristeza".

4) c

Explicação: A parte de cima do corpo está para a parte de cima da casa assim como a parte de baixo do corpo está para a parte de baixo da casa.

5) a

Explicação: Nesse caso a relação entre elas é de tamanho.

6) d

Explicação: Pelo menos uma é branca, pois foram retiradas quatro bolas e só temos três azuis.

7) $[(p \rightarrow q) \vee (q \rightarrow p)] \vee (p \veebar q)$

p	q	p → q	q → p	(p → q) ∨ (q → p)	p ⊻ q	[(p → q) ∨ (q → p)] ∨ (p ⊻ q)
V	V	V	V	V	F	V
V	F	F	V	F	V	V
F	V	V	F	F	V	V
F	F	V	V	V	F	V

Resposta: Trata-se de uma tautologia porque a última coluna da tabela mostra que a proposição é sempre verdadeira.

8) c

Explicação: Se 100 leões devoram 100 veados, cada leão devora um veado. Logo, o tempo para devorar um veado é de 100 minutos.

9) a

Explicação: Basta observar que P é falsa, pois uma das afirmações é falsa e tem-se um "se e somente se" (F).

A proposição Q é verdadeira (V) porque 33 é múltiplo de 3 e 3 divide 33, ou seja, as duas afirmações são verdadeiras.

A proposição R é verdadeira (V) porque não é verdade que 1/2 <1/4 e não é verdade que 4/5 > 11/12, ou seja, as duas afirmações são falsas.

10) d

Observe-se que:

24	04	03	03	04	20	01	05
F	A	R	R	A	P	O	S

Assim,

02	16	03	10	09	15	04	05
R				A	S		

Note-se também que essa codificação está associada à ordem das letras na frase "O Brasil é um grande campo de flores". Portanto,

02	16	03	10	09	15	04	05
B	E	R	M	U	D	A	S

Outra resolução:

Observe-se que:

24	04	03	03	04	20	01	05
F	A	R	R	A	P	O	S

Assim,

02	16	03	10	09	15	04	05
R				A	S		

Não pode ser "Ternuras", pois a sexta letra é "r", que corresponde a 03.

Não pode ser "Carnudas" nem "Carinhas", pois a segunda letra é "a", que corresponde a 04.

Não pode ser "Permutas", pois a primeira letra é "p", que corresponde a 20.

CAPÍTULO 2

Questões para revisão

1) c

Explicação: A variável analisada é o número de passageiros (X) e o número de veículos é a frequência (f). Assim, temos 100 veículos pesquisados, e o número de veículos que mais se repetiu foi 28 veículos com 3 passageiros. Logo, Mo = 3.

Como temos um número par de veículos, a mediana é a média aritmética entre o veículo 50º e o veículo 51º. Em ambos, havia 3 passageiros. Logo, Md = 3.

2) b

Explicação: Considerando as 10 notas, a média é:

$$\overline{X} = \frac{18+16+17+13+14+1+19+14+16+12}{10}$$

$$\overline{X} = \frac{140}{10} = 14$$

Descartando as notas 1 e 19, teremos como nova média:

$$\overline{X} = \frac{120}{8} = 15$$

3) e

Explicação: A média é:

$$\overline{X} = \frac{0 \cdot 5 + 1 \cdot 3 + 2 \cdot 4 + 3 \cdot 3 + 4 \cdot 2 + 5 \cdot 2 + 7 \cdot 1}{20}$$

$$\overline{X} = \frac{45}{20} = 2{,}25$$

Y é a mediana, ou seja, a média aritmética entre o 10º e o 11º valor. Então:

$$Y = \frac{2+2}{2}$$

A moda é o valor de maior frequência. Logo:

Z = 0

Então, Z < Y < X.

4) Na primeira sala, a média das duas pessoas foi 6,0. Na segunda sala, a média das duas pessoas também foi 6,0. Aparentemente as quatro pessoas tiveram o mesmo aproveitamento. Entretanto, analisando o desvio médio de cada pessoa, verificamos que as duas primeiras estão sobre a média, já as outras duas estão bem afastadas da média (uma dela bem abaixo e a outra bem acima); portanto, aproveitamentos diferentes.

5) As duas médias diminuem, pois o primeiro grupo perde uma pessoa que tinha a maior nota. Por sua vez, essa pessoa passará a ser a menor nota do segundo grupo.

Questões para reflexão

1) Sim, é uma distribuição bimodal, cujas modas são 76 e 80 kwh.

2)

Consumo médio (em kwh) (X)	Residências pesquisadas (f)	X − X̄	|X − X̄| · f
68	7	−8	56
72	9	−4	36
76	14	0	0
80	14	4	56
84	3	8	24
88	1	12	12
Σ	48		184

$$\overline{X} = \frac{68 \cdot 7 + 72 \cdot 9 + 76 \cdot 14 + 80 \cdot 14 + 84 \cdot 3 + 88 \cdot 1}{48}$$

$$\overline{X} = \frac{3648}{48} = 76$$

$$Dm = \frac{184}{48} = 3{,}83$$

3)

Consumo médio (em kwh) (X)	Residências pesquisadas (f)	X − X̄	(X − X̄)² · f
68	7	−8	448
72	9	−4	144
76	14	0	0
80	14	4	224
84	3	8	192
88	1	12	144
Σ	48		1152

$S^2 = \dfrac{1152}{48} = 24$

$S^2 = \sqrt{24}$

$S = 4,9$

CAPÍTULO 3

Questões para revisão

1)

a. Seja X o número de alunos que fizeram cursinho;

p: probabilidade de um aluno, selecionado ao acaso, ter feito cursinho; p = 0,75.

Ou seja, a variável aleatória X tem distribuição binomial com parâmetros N = 16 e p = 0,75.

$P(X) = \dfrac{N!}{X!(N-X)!} \cdot p^X \cdot q^{N-X}$

Assim, a probabilidade de que pelo menos 12 tenham feito cursinho é dada por:

$P(X \geq 12) = P(X = 12) + P(X = 13) + P(X = 14) + P(X = 15) + P(X = 16) =$

$= 0,2252 + 0,2079 + 0,1336 + 0,0535 + 0,0100 = 0,6302$

b. Utilizando a função de distribuição apresentada no item A, temos:

$P(X \leq 13) = P(X = 0) + P(X = 1) + ... + P(X = 13) = 0,0000 + ... + 0,2079 = 0,8029$

Ou

$P(X \leq 13) = 1 - P(X \geq 14) = 1 - \{P(X = 14) + P(X = 15) + P(X = 16)\} = 0,8029$

c. Utilizando a função de probabilidade apresentada no item A, temos:

$P(X = 12) = 0,2252$

Confira os resultados. Lembre-se de que p + q = 1. Logo, q = 0,25.

2)

a. $P(X) = \dfrac{N!}{X!(N-X)!} \cdot p^X \cdot q^{N-X}$

$P(X) = \dfrac{6}{4!(6-4)!} \cdot (3/10)^4 \cdot (7/10)^{6-4}$

$P(X) = 0{,}05953$ ou $5{,}953\%$

b. $P(X) = \dfrac{N!}{X!(N-X)!} \cdot p^X \cdot q^{N-X}$

$P(X) = \dfrac{6}{0!(6-0)!} \cdot (3/10)^0 \cdot (7/10)^{6-0}$

$P(X) = 0{,}1176$ ou $11{,}76\%$

c. $P(X) = P_0(X) + P_1(X) + P_2(X) + P_3(X)$

$P(X) = 11{,}76\% + 30{,}25\% + 32{,}25\% + 18{,}52\% = 92{,}78\%$

d. $P(X) = 100\% - P_0(X) - P_1(X) - P_2(X) - P_3(X)$

$P(X) = 100\% - 11{,}76\% - \dfrac{6!}{1!(6-1)!}(3/10)^1 \cdot (7/10)^{6-1} - \dfrac{6!}{2!(6-2)!} \cdot (3/10)^2 \cdot (7/10)^{6-2} - \dfrac{6!}{3!(6-3)!} \cdot (3/10)^3 \cdot (7/10)^{6-3}$

$P(X) = 100\% - 11{,}76\% - 30{,}25\% - 32{,}25\% - 18{,}52\%$

$P(X) = 7{,}22\%$

3) Considere:

D: as 12 pessoas selecionadas da população A são alfabetizadas.

E: as 10 pessoas selecionadas da população B são alfabetizadas.

F: pelo menos uma pessoa entre as 22 selecionadas não é alfabetizada.

Cálculo da probabilidade de D:

X: número de pessoas alfabetizadas entre as 12 selecionadas da população A.

Ou seja, p = 0,90. Logo, q = 0,10.

$P(D) = \dfrac{N!}{D!(N-D)!} \cdot p^D \cdot q^{N-D}$

$P(D) = C_{12,12} \cdot (0{,}90)^{12} \cdot (0{,}10)^{12-12} = 0{,}90^{12} = 0{,}2824$

Cálculo da probabilidade de E:

Y: número de pessoas alfabetizadas entre as 10 selecionadas da população B.

Ou seja, p = 0,80. Logo, q = 0,20.

$P(E) = \dfrac{N!}{E!(N-E)!} \cdot p^E \cdot q^{N-E}$

$P(E) = C_{10,10} \cdot (0{,}80)^{10} \cdot (0{,}20)^{10-10} = 0{,}80^{10} = 0{,}1074$

Portanto,

P(que pelo menos uma pessoa não seja alfabetizada) = P(F) = 1 − (0,2824 · 0,1074) = 0,9697.

Ou seja, 96,97% de probabilidade de pelo menos uma pessoa não ser alfabetizada entre as 22 escolhidas ao acaso.

4) Como são dois acidentes a cada 100 km, sabemos que ocorre em média um acidente a cada 50 km.

a. Como são 250 km, a média conhecida é de cinco acidentes (pois temos um acidente a cada 50 km).

$\lambda = 5$ acidentes

$X = 3$ acidentes

$$P(X \mid \lambda) = \frac{\lambda^x \cdot e^{-\lambda}}{X!}$$

$$P(X \mid \lambda) = \frac{5^3 \cdot e^{-5}}{3!}$$

$$P(X \mid \lambda) = \frac{125 \cdot 0,00674}{6}$$

$$P(X \mid \lambda) = 0,1404$$

Ou seja, a probabilidade é igual a 14,04%.

b. Como são 300 km, a média conhecida é de seis acidentes.

$\lambda = 6$ acidentes

$X = 5$ acidentes

$$P(X \mid \lambda) = \frac{\lambda^x \cdot e^{-\lambda}}{X!}$$

$$P(X \mid \lambda) = \frac{6^5 \cdot e^{-6}}{5!}$$

$$P(X \mid \lambda) = \frac{7776 \cdot 0,00248}{120}$$

$$P(X \mid \lambda) = 0,1607$$

Ou seja, a probabilidade é igual a 16,07%.

5) Sabemos que $z = \dfrac{X - \lambda}{S}$

$\lambda = 5,0$

$S = 1,5$

a. $z = \dfrac{8 - 5}{1,5} = 2$

No intervalo onde $z = 0$ a $z = 2,0$, temos 47,72% da área da curva. Então, para $z > 2,0$, temos 2,28% da área da curva. Essa é a probabilidade procurada.

b. $z = \dfrac{3 - 5}{1,5} = -1,33$

No intervalo de $z = -1,33$ a $z = 0$, temos 40,82% da área da curva. Então, para $z < -1,33$, temos 9,18% da área da curva. Essa é a probabilidade procurada.

c. Como a média somada a três vezes o desvio-padrão é igual a 9,50, e como no intervalo da média menos três vezes o desvio-padrão até a média mais três vezes o desvio-padrão encontram-se 99,74% dos resultados da pesquisa, é praticamente impossível alguém ter nota igual ou superior a 9,8.

6) A média de erros por página é igual a $\frac{220}{200} = 1,1$

   a. $\lambda = 1,1$

      $X = 0$ erros

$$P(X \mid \lambda) = \frac{\lambda^x \cdot e^{-\lambda}}{X!}$$

$$P(X \mid \lambda) = \frac{1,1^0 \cdot e^{-1,1}}{0!}$$

$$P(X \mid \lambda) = \frac{1 \cdot 0,33287}{1}$$

$$P(X \mid \lambda) = 0,33287$$

      Ou seja, a probabilidade é igual a 33,287%.

   b. $\lambda = 1,1$

      $X = 1$ erro

$$P(X \mid \lambda) = \frac{\lambda^x \cdot e^{-\lambda}}{X!}$$

$$P(X \mid \lambda) = \frac{1,1^1 \cdot e^{-1,1}}{1!}$$

$$P(X \mid \lambda) = \frac{1,1 \cdot 0,33287}{1}$$

$$P(X \mid \lambda) = 0,36616$$

      Ou seja, a probabilidade é igual a 36,616%.

   c. $\lambda = 1,1$

      $X = 2$ erros

$$P(X \mid \lambda) = \frac{\lambda^x \cdot e^{-\lambda}}{X!}$$

$$P(X \mid \lambda) = \frac{1,1^2 \cdot e^{-1,1}}{2!}$$

$$P(X \mid \lambda) = \frac{1,21 \cdot 0,33287}{2}$$

$$P(X \mid \lambda) = 0,2014$$

      Ou seja, a probabilidade é igual a 20,14%.

   d. $\lambda = 1,1$

      $X = 2$ erros ou mais

      P(2 erros ou mais) = 1 − P(0 erros) − P(1 erro) =

      = 1 − 0,33287 − 0,36616 = 0,30097

      Ou seja, a probabilidade é igual a 30,097%.

7) Se o caixa atende 150 clientes por hora (ou seja, em 60 minutos), ele atende 2,5 clientes a cada minuto.

a. $\lambda = 10$ clientes em 4 minutos (2,5 clientes por minuto $\times$ 4 minutos)

$X = 0$ clientes em 4 minutos

$$P(X \mid \lambda) = \frac{\lambda^x \cdot e^{-\lambda}}{X!}$$

$$P(X \mid \lambda) = \frac{10^0 \cdot e^{-10}}{0!}$$

$$P(X \mid \lambda) = \frac{1 \cdot 0,00005}{1}$$

$P(X \mid \lambda) = 0,00005$

Ou seja, a probabilidade é igual a 0,005%.

b. $\lambda = 5$ clientes em 2 minutos (2,5 clientes por minuto $\times$ 2 minutos)

$X = $ no máximo 2 clientes em 2 minutos

$P(X) = P(0) + P(1) + P(2)$

$\lambda = 5$

$X = 0$

$$P(X \mid \lambda) = \frac{\lambda^x \cdot e^{-\lambda}}{X!}$$

$$P(X \mid \lambda) = \frac{5^0 \cdot e^{-5}}{0!}$$

$$P(X \mid \lambda) = \frac{1 \cdot 0,00674}{1}$$

$P(X \mid \lambda) = 0,00674$

$\lambda = 5$

$X = 1$

$$P(X \mid \lambda) = \frac{5^1 \cdot e^{-5}}{1!}$$

$$P(X \mid \lambda) = \frac{5 \cdot 0,00674}{1}$$

$P(X \mid \lambda) = 0,0337$

$\lambda = 5$

$X = 2$

$$P(X \mid \lambda) = \frac{5^2 \cdot e^{-5}}{2!}$$

$$P(X \mid \lambda) = \frac{25 \cdot 0,00674}{2}$$

$P(X \mid \lambda) = 0,08425$

Então, $P(X) = 0,00674 + 0,0337 + 0,08425 = 0,12469$

Ou seja, a probabilidade é igual a 12,469%.

8) Sabemos que $z = \dfrac{X - \lambda}{S}$

a. $z = \dfrac{8 - 10}{2} = -1$

$z = \dfrac{10 - 10}{2} = 0$

No intervalo de z = 0 a z = –1, temos 34,13% da área da curva.

b. $z = \dfrac{9 - 10}{2} = -0,5$

$z = \dfrac{12 - 10}{2} = 1$

No intervalo de z = –0,5 a z = 1, temos 19,15% + 34,13% = 53,28% da área da curva.

c. $z = \dfrac{10 - 10}{2} = 0$

Para z < 0, temos metade da área da curva, ou seja, 50%.

d. $z = \dfrac{7 - 10}{2} = -1,5$

$z = \dfrac{11 - 10}{2} = 0,5$

No intervalo de z = –1,5 a z = 0,5, temos 43,32% + 19,15% = 62,47% da área da curva. Essa é a probabilidade procurada.

9) Sabemos que $z = \dfrac{X - \lambda}{S}$

$\lambda = 20$

$S = 4$

a. $z = \dfrac{16 - 20}{4} = -1,0$

$z = \dfrac{22 - 20}{4} = 0,5$

No intervalo de z = –1,50 a z = 0,5, temos 34,13% + 19,15% = 53,28% da área da curva. Essa é a probabilidade procurada.

b. $z = \dfrac{22 - 20}{4} = 0,5$

$z = \dfrac{25 - 20}{4} = 1,25$

No intervalo de z = 0 a z = 0,5, temos 19,15% da área da curva. No intervalo de z = 0 a z = 1,25, temos 39,44% da área da curva. Então, a área procurada é 39,44% – 19,15% = 20,29%. Essa é a probabilidade procurada.

c. $z = \dfrac{23 - 20}{4} = 0,75$

No intervalo de z = 0 a z = 0,75, temos 27,34% da área da curva. Então, para z > 0,75, temos 50% – 27,34% = 22,66% da área da curva. Essa é a probabilidade procurada.

10) Sabemos que $z = \dfrac{X - \lambda}{S}$

$\lambda = 53$

$S = 12$

a. $z = \dfrac{70 - 53}{12} = 1{,}42$

No intervalo de z = 0 a z = 1,42, temos 42,22% da área da curva. Então, para z > 1,42, temos 50% − 42,22% = 7,78% da área da curva. Essa é a probabilidade procurada.

b. $z = \dfrac{30 - 53}{12} = -1{,}92$

No intervalo de z = 0 a z = − 1,92, temos 47,26% da área da curva. Então, para z < −1,92 temos 50% − 47,26% = 2,74% da área da curva. Essa é a probabilidade procurada.

Questões para reflexão

1) S = {(1, 1), (1, 2), (1, 3), (1, 4), (1, 5), (1, 6), (2, 1), (2, 2), (2, 3), (2, 4), (2, 5), (2, 6), (3, 1), (3, 2), (3, 3), (3, 4), (3, 5), (3, 6), (4, 1), (4, 2), (4, 3), (4, 4), (4, 5), (4, 6), (5, 1), (5, 2), (5, 3), (5, 4), (5, 5), (5, 6), (6, 1), (6, 2), (6, 3), (6, 4), (6, 5), (6, 6)}

a. $\dfrac{6 \text{ resultados possíveis}}{36 \text{ no total}} = \dfrac{1}{6}$

b. $\dfrac{15 \text{ possibilidades}}{36 \text{ no total}} = \dfrac{15}{36} = \dfrac{5}{12}$

c. Não é possível, pois a soma máxima é 12.

d. $\dfrac{1 \text{ resultado possível (5,5)}}{36 \text{ no total}} = \dfrac{1}{36}$

2)

a. $\dfrac{8}{30} = 0{,}2667$ ou 26,67%.

b. $\dfrac{10}{30} = 0{,}3333$ ou 33,33%

c. $\dfrac{20 + 2}{30} = 0{,}7333$ ou 73,33%.

3)

a. $\dfrac{100}{300} = 0{,}3333$ ou 33,33%.

b. $\dfrac{80}{300} = 0{,}2667$ ou 26,67%.

c. $\dfrac{(100 + 80) - 30}{300} = \dfrac{150}{300} = 0{,}50$ ou 50%

4)

a. $\dfrac{14}{20} \cdot \dfrac{6}{19} = \dfrac{84}{380} = 0{,}2211$ ou 22,11%.

b. $\dfrac{14}{20} \cdot \dfrac{13}{19} = \dfrac{182}{380} = 0{,}4789$ ou 47,89%.

c. $\dfrac{6}{20} \cdot \dfrac{5}{19} = \dfrac{30}{380} = 0{,}00789$ ou 7,89%.

5)

a. Se há um defeito em cada 200 pés, em 500 pés, esperam-se 2,5 defeitos.

$\lambda = 2{,}5$

$X = 0$

$P(X \mid \lambda) = \dfrac{\lambda^x \cdot e^{-\lambda}}{X!}$

$P(X \mid \lambda) = \dfrac{2{,}5^0 \cdot e^{-2{,}5}}{0!}$

$P(X \mid \lambda) = \dfrac{1 \cdot 0{,}08208}{1}$

$P(X \mid \lambda) = 0{,}08208$

Ou seja, a probabilidade é igual a 8,208%.

b. Se há um defeito em cada 200 pés, em 800 pés, esperam-se 4 defeitos.

$\lambda = 4$

$X = 3$

$P(X \mid \lambda) = \dfrac{\lambda^x \cdot e^{-\lambda}}{X!}$

$P(X \mid \lambda) = \dfrac{4^3 \cdot e^{-4}}{3!}$

$P(X \mid \lambda) = \dfrac{64 \cdot 0{,}01832}{6}$

$P(X \mid \lambda) = 0{,}1952$

Ou seja, a probabilidade é igual a 19,52%.

6) Como há um defeito a cada 250 m, em 1000 m, haverá 4 defeitos.

a. $\lambda = 4$

$X = 0$

$P(X \mid \lambda) = \dfrac{\lambda^x \cdot e^{-\lambda}}{X!}$

$P(X \mid \lambda) = \dfrac{4^0 \cdot e^{-4}}{0!}$

$P(X \mid \lambda) = \dfrac{1 \cdot 0{,}01832}{1}$

P(X | λ) = 0,01832
Ou seja, a probabilidade é igual a 1,832%.

b. λ = 4

X = 3

$$P(X \mid \lambda) = \frac{\lambda^x \cdot e^{-\lambda}}{X!}$$

$$P(X \mid \lambda) = \frac{4^3 \cdot e^{-4}}{3!}$$

$$P(X \mid \lambda) = \frac{64 \cdot 0,01832}{6}$$

P(X | λ) = 0,19541
Ou seja, a probabilidade é igual a 19,541%.

7) Sabemos que λ = N · p.

Então, λ = 200 · 0,02 = 4 chamadas para números errados (média conhecida).

λ = 4

X = 3

$$P(X \mid \lambda) = \frac{\lambda^x \cdot e^{-\lambda}}{X!}$$

$$P(X \mid \lambda) = \frac{4^3 \cdot e^{-4}}{3!}$$

$$P(X \mid \lambda) = \frac{64 \cdot 0,01832}{6}$$

P(X | λ) = 0,19541
Ou seja, a probabilidade é igual a 19,541%.

8) Sabemos que λ = N · p.

Então, λ = 100 · 0,006 = 0,6 detonadores defeituosos (média conhecida).

λ = 0,6

X = 2

$$P(X \mid \lambda) = \frac{\lambda^x \cdot e^{-\lambda}}{X!}$$

$$P(X \mid \lambda) = \frac{0,6^2 \cdot e^{-0,6}}{2!}$$

$$P(X \mid \lambda) = \frac{0,36 \cdot 0,54881}{2}$$

P(X | λ) = 0,0988
Ou seja, a probabilidade é igual a 9,88%.

9) Sabemos que $\lambda = N \cdot p$.

Então, $\lambda = 1000 \cdot 0,0012 = 1,2$ pessoas intoxicadas (média conhecida).

P(no máximo 2 pessoas intoxicadas) = P(0 pessoas) + P(1 pessoa) + P(2 pessoas).

$\lambda = 1,2$

$X = 0$

$$P(X \mid \lambda) = \frac{\lambda^x \cdot e^{-\lambda}}{X!}$$

$$P(X \mid \lambda) = \frac{1,2^0 \cdot e^{-1,2}}{0!}$$

$$P(X \mid \lambda) = \frac{1 \cdot 0,30119}{1}$$

$P(X \mid \lambda) = 0,030119$

$\lambda = 1,2$

$X = 1$

$$P(X \mid \lambda) = \frac{\lambda^x \cdot e^{-\lambda}}{X!}$$

$$P(X \mid \lambda) = \frac{1,2^1 \cdot e^{-1,2}}{1!}$$

$$P(X \mid \lambda) = \frac{1,2 \cdot 0,30119}{1}$$

$P(X \mid \lambda) = 0,36143$

$\lambda = 1,2$

$X = 2$

$$P(X \mid \lambda) = \frac{1,2^2 \cdot e^{-1,2}}{2!}$$

$$P(X \mid \lambda) = \frac{1,44 \cdot 0,30119}{2}$$

$P(X \mid \lambda) = 0,21686$

Então, $P(X) = 0,30119 + 0,36143 + 0,21686 = 0,87948$

Ou seja, a probabilidade é igual a 87,948%.

10) Sabemos que $\lambda = N \cdot p$.

Então, $\lambda = 200 \cdot 0{,}032 = 6{,}4$ dos motoristas (média conhecida).

$\lambda = 6{,}4$

$X = 6$

$P(X \mid \lambda) = \dfrac{\lambda^x \cdot e^{-\lambda}}{X!}$

$P(X \mid \lambda) = \dfrac{6{,}4^6 \cdot e^{-6{,}4}}{6!}$

$P(X \mid \lambda) = \dfrac{68719{,}4767 \cdot 0{,}00166}{720}$

$P(X \mid \lambda) = 0{,}15844$

Ou seja, a probabilidade é igual a 15,844%.

11) Sabemos que $z = \dfrac{X - \lambda}{S}$

$\lambda = 320$

$S = 50$

a. $z = \dfrac{330 - 320}{50} = 0{,}20$

No intervalo de $z = 0$ a $z = 0{,}20$, temos 7,93% da área da curva. Então, para $z > 0{,}20$, temos 42,07% da área da curva. Essa é a probabilidade procurada.

b. $z = \dfrac{370 - 320}{50} = 1{,}0$

No intervalo de $z = 0$ a $z = 1{,}0$, temos 34,13% da área da curva. Então, para $z < 1{,}0$, temos 34,13% + 50% = 84,13% da área da curva. Essa é a probabilidade procurada.

c. $z = \dfrac{320 - 320}{50} = 0$

$z = \dfrac{380 - 320}{50} = 1{,}2$

No intervalo de $z = 0$ a $z = 1{,}2$, temos 38,49% da área da curva. Essa é a probabilidade procurada.

12) Sabemos que $z = \dfrac{X - \lambda}{S}$

$\lambda = 15$

$S = 3$

$z = \dfrac{10{,}5 - 15}{3} = -1{,}50$

No intervalo de $z = -1{,}50$ a $z = 0$, temos 43,32% da área da curva.

Então, com renda inferior a 10,5 UM são 50% − 43,32% = 6,68% das famílias.

6,68% de 50 famílias = 3,34 famílias.

Ou seja, esperamos que 4 famílias tenham renda inferior a 10,5 UM.

CAPÍTULO 4

Questões para revisão

1)

a. Diagrama de dispersão

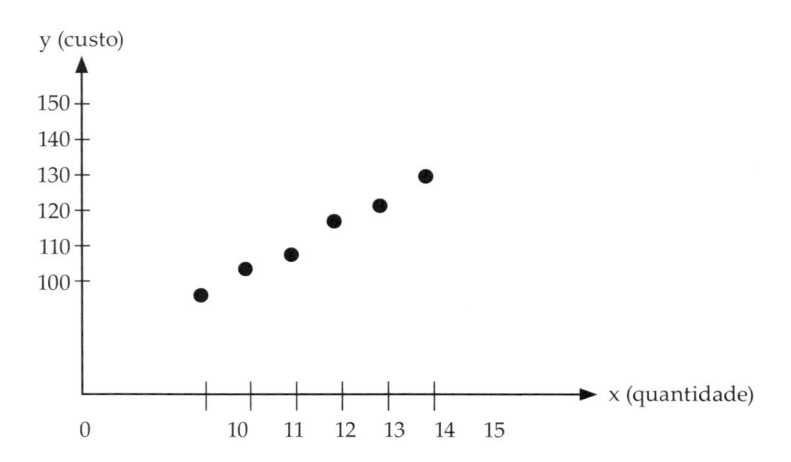

b. Ajustamento da reta

Nesse item precisamos avaliar M e B. Para tanto, é conveniente a construção da tabela a seguir.

Dados para o cálculo de M e B

X	Y	X · Y	X²
10	100	1.000	100
11	112	1.232	121
12	119	1.428	144
13	130	1.690	169
14	139	1.946	196
15	142	2.130	225
∑ = 75	**742**	**9.426**	**955**

Assim: $n = 6$; $\sum X \cdot Y = 9.426$; $\sum X = 75$; $\sum Y = 742$; $\sum X^2 = 955$; $\overline{X \cdot Y} = 1.571$; $X = 12,5$; $\overline{Y} = 123,67$; $\overline{X^2} = 159,17$

$$M = \frac{1.571 - 12,5 \cdot 123,67}{159,17 - (12,5)^2}$$

$$M = \frac{1.571 - 1.545,875}{159,17 - (156,25)}$$

$$M = \frac{25,125}{2,92}$$

$M = 8,6045$

$B = \overline{Y} - M \cdot \overline{X}$

Logo:

B = 123,67 − 8,6045 · 12,5 = 16,11

Portanto, a equação da reta de regressão é:

y = 8,6045 · x + 16,11

c. Gráfico da reta obtida

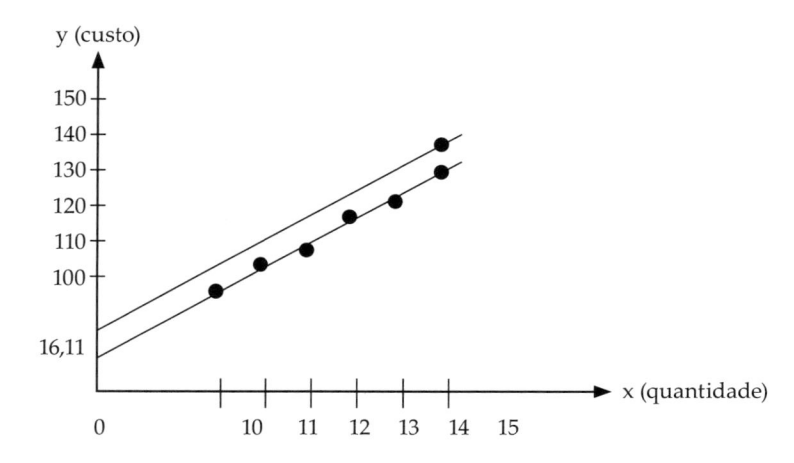

d. Custo para 25 unidades

Como x = quantidade e y = custo, basta calcularmos o valor de y quando x = 25. Assim:

y = 8,6045 · 25 + 16,11

y = 231,22

Logo, o custo para 25 unidades será de R$ 231,22.

2)

a. Diagrama de dispersão

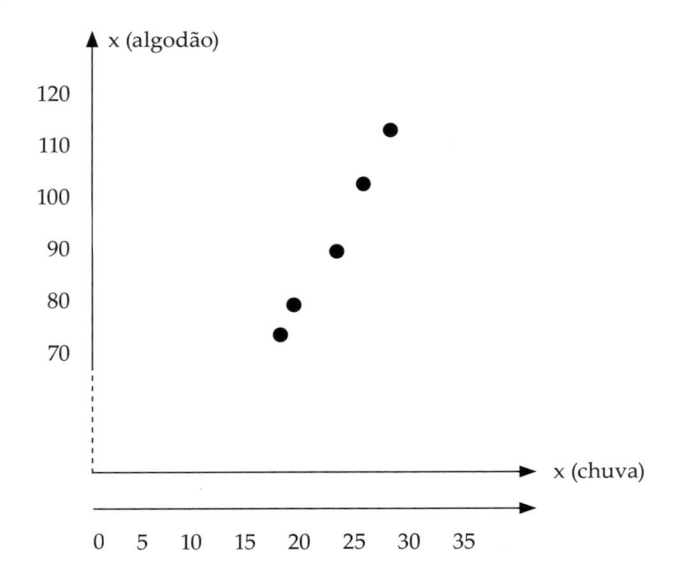

b. Ajustamento da reta

X	Y	X · Y	X²
20	74	1.480	400
23	80	1.840	529
27	90	2.430	729
28	104	2.912	784
31	112	3.472	961
∑ = 129	460	12.134	3.403

Assim, n = 5; $\Sigma X \cdot Y = 12.134$; $\Sigma X = 129$; $\Sigma Y = 460$; $\Sigma = 3.403$; $\overline{X \cdot Y} = 2426,8$; $\overline{X} = 25,8$; $\overline{Y} = 92$; $\overline{X^2} = 680,6$.

$$M = \frac{\overline{X \cdot Y} - \overline{X} \cdot \overline{Y}}{\overline{X^2} \cdot (\overline{X})^2}$$

$$M = \frac{2.246,8 - 25,8 \cdot 92}{680,6 - (25,8)^2}$$

$$M = \frac{53,2}{14,96} = 3,556$$

$B = \overline{Y} - M \cdot \overline{X}$

$B = 92 - 3,556 \cdot 25,8$

$B = 92 - 91,745$

$B = 0,255$

Portanto, a equação da reta de regressão é:

$y = M \cdot x + B$

$y = 3,556 \cdot x + 0,255$

c. Gráfico da reta obtida

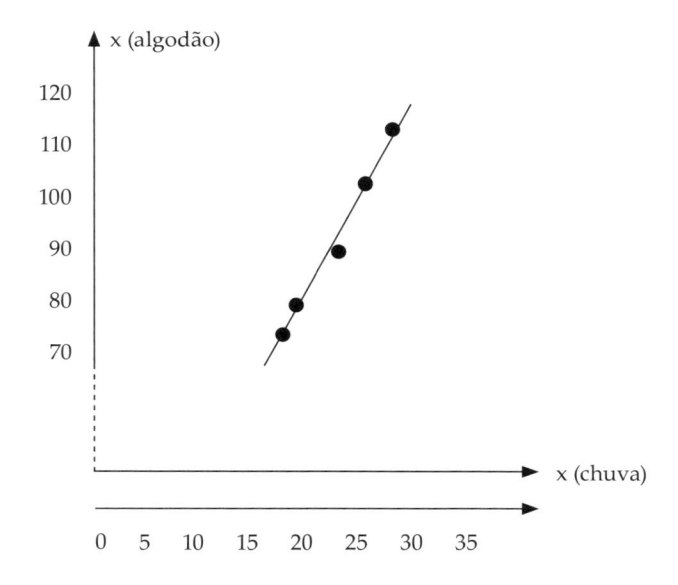

d. Previsão de produção para índice pluviométrico igual a 25 mm.

y = 3,556 · 25 + 0,255
y = 89,155 toneladas de algodão

3) Vamos montar a tabela em que a variável dependente é o consumo de gasolina e a variável independente é a velocidade do automóvel.

Velocidade média × consumo médio de gasolina de um automóvel

X	Y	X · Y	X²	Y²
60	12,0	720	3.600	144,00
70	11,6	812	4.900	134,56
80	10,8	864	6.400	116,64
90	10,0	900	8.100	100,00
100	9,1	910	10.000	82,81
110	8,8	968	12.100	77,44
120	8,4	1.008	14.100	70,56
∑ = 630	**70,7**	**6.182**	**59.500**	**726,01**

Vamos agora substituir os valores na fórmula:

$$r = \frac{n \cdot \sum X \cdot Y - \sum X \cdot \sum Y}{\sqrt{[n \cdot \sum X^2 - (\sum X)^2][n \cdot \sum Y^2 - (\sum Y)^2]}}$$

Agora, n = 7, pois a pesquisa foi feita com sete diferentes velocidades médias.

$$r = \frac{7 \cdot 6.182 - 630 \cdot 70,7}{\sqrt{[7 \cdot 59.500 - 630^2][7 \cdot 726,01 - 70,7^2]}}$$

$$r = \frac{43.274 - 44.541}{\sqrt{[416.500 - 396.900][5.082,07 - 4.998,49]}}$$

$$r = \frac{-1.267}{\sqrt{19.600 \cdot 83,58}}$$

r = − 0,99

Novamente verificamos uma forte correlação entre as duas variáveis envolvidas. Entretanto, agora obtivemos um valor negativo. O que isso significa? Significa apenas que elas são grandezas inversamente proporcionais, ou seja, quando uma aumenta (a velocidade média), a outra diminui (o consumo médio).

4) Quanto mais próximo de 1 for o coeficiente 5, mais forte é a correlação entre as grandezas envolvidas. No caso, a relação é forte e igual a 97%. Quando o sinal de r é positivo, significa que as grandezas são diretamente proporcionais. No presente caso, isso significa que, quanto mais o aluno gosta de música, mais gosta de matemática.

5) O que diferencia uma correlação simples de uma correlação múltipla é a quantidade de variáveis independentes da correlação. Havendo apenas uma, ela é simples; mais de uma, ela é múltipla.

Questões para reflexão

6) Para a determinação dos parâmetros, é necessário, inicialmente, elaborar a tabela, como se segue.

Cálculo dos somatórios para a determinação dos parâmetros

Bairro	Y	X_1	X_2	$Y \cdot X_1$	$Y \cdot X_2$	$X_1 \cdot X_2$	X_1^2	X_2^2
A	40	9	12	360	480	108	81	144
B	38	8	13	304	494	104	64	169
C	55	12	15	660	825	180	144	225
D	27	6	12	162	324	72	36	144
E	53	11	10	583	530	110	121	100
F	33	7	16	231	528	112	49	256
G	20	4	14	80	280	56	16	196
H	60	13	12	780	720	156	169	144
I	25	5	11	125	275	55	25	121
J	46	10	14	460	644	140	100	196
Σ	397	85	129	3.745	5.100	1.093	805	1.695

Para os cálculos dos parâmetros, utilizamos quatro casas após a vírgula.

$$S_{y1} = \Sigma Y \cdot X_1 - \frac{\Sigma Y \cdot \Sigma X_1}{n}$$

$$S_{y1} = 3.745 - \frac{397 \cdot 85}{10} = 370,5$$

$$S_{y2} = \Sigma Y \cdot X_2 - \frac{\Sigma Y \cdot \Sigma X_2}{n}$$

$$S_{y2} = 5.100 - \frac{397 \cdot 129}{10} = -21,3$$

$$S_{12} = \Sigma X_1 \cdot X_2 - \frac{\Sigma X_1 \cdot \Sigma X_2}{n}$$

$$S_{12} = 1.093 - \frac{85 \cdot 129}{10} = -3,5$$

$$S_{11} = \Sigma X_1^2 - \frac{(\Sigma X_1)^2}{n}$$

$$S_{11} = 805 - \frac{85^2}{10} = 82,5$$

$$S_{22} = \Sigma X_2^2 - \frac{(\Sigma X_2)^2}{n}$$

$$S_{22} = 1.695 - \frac{129^2}{10} = 30,9$$

$$\overline{Y} = \frac{397}{10} = 39,7$$

$$\overline{X}_1 = \frac{85}{10} = 8,5$$

$$\overline{X}_2 = \frac{129}{10} = 12,9$$

$$M_2 = \frac{\dfrac{S_{Y2}}{S_{12}} - \dfrac{S_{Y1}}{S_{11}}}{\dfrac{S_{22}}{S_{12}} - \dfrac{S_{12}}{S_{11}}}$$

$$M_2 = \frac{\dfrac{-21,3}{-3,5} - \dfrac{370,5}{82,5}}{\dfrac{30,9}{-3,5} - \dfrac{(-3,5)}{82,5}}$$

$$M_2 = \frac{6,0857 - 4,4909}{-8,8286 + 0,0424}$$

$$M_2 = \frac{0,6893}{-8,7862} = -0,07845$$

$$M_1 = \frac{S_{Y2}}{S_{12}} - \frac{S_{22}}{S_{12}} \cdot M_2$$

$$M_1 = \frac{-21,3}{-3,5} - \frac{30,9}{-3,5} \cdot (-0,07845)$$

$M_1 = 6,0857 - 0,6926$
$M_1 = 5,3931$
$B = \overline{Y} - M_1 \cdot \overline{X}_1 - M_2 \cdot \overline{X}_2$
$B = 39,7 - 5,3931 \cdot 8,5 - (-0,07845) \cdot 12,9$
$B = 39,7 - 45,84135 + 1,012$
$B = -5,12935$

Então, a equação procurada é:
$y = M_1 \cdot x_1 + M_2 \cdot x_2 + B$
$y = 5,3931 \cdot x_1 + (-0,07845) \cdot x_2 - 5,12935$

Precisamos, agora, verificar quais são as pizzarias que deverão reduzir o preço de suas *pizzas*. Para tal, substituímos nessa última fórmula os dados constantes na tabela anterior.

Bairro A:
$y = 5,3931 \cdot 9 + (-0,07845) \cdot 12 - 5,12935$
$y = 48,5379 - 0,9414 - 5,12935$
$y = 42,47$

Em face do resultado encontrado, verificamos que a pizzaria do bairro A deveria comercializar 4.247 *pizzas* por mês e está vendendo 4.000; logo, precisa baixar o preço.

Bairro B:
$y = 5,3931 \cdot 8 + (-0,07845) \cdot 13 - 5,12935$
$y = 43,1448 - 1,0199 - 5,12935$
$y = 37,00$

O resultado encontrado aponta que a pizzaria do bairro B deveria comercializar 3.700 *pizzas* por mês e está vendendo 3.800; logo, não precisa baixar o preço.

Bairro C:
y = 5,3931 · 12 + (− 0,07845) · 15 − 5,12935
y = 64,7172 − 1,1768 − 5,12935
y = 58,41

O resultado encontrado revela que a pizzaria do bairro C deveria comercializar 5.841 *pizzas* por mês e só está vendendo 5.500; logo, precisa baixar o preço.

Bairro D:
y = 5,3931 · 6 + (− 0,07845) · 12 − 5,12935
y = 32,3586 − 0,9414 − 5,129354
y = 26,29

De acordo com o resultado encontrado, a pizzaria do bairro D deveria comercializar 2.629 *pizzas* por mês e está vendendo 2.700. Devido à proximidade dos valores, pode manter o preço.

Bairro E:
y = 5,3931 · 11 + (− 0,07845) · 10 − 5,12935
y = 59,3241 − 0,7845 − 5,12935
y = 53,41

Diante do resultado encontrado, a pizzaria do bairro E deveria comercializar 5.341 *pizzas* por mês e está vendendo 5.300. Devido à proximidade dos valores, pode manter o preço.

Bairro F:
y = 5,3931 · 7 + (− 0,07845) · 16 − 5,12935
y = 37,7517 − 1,2552 − 5,12935
y = 31,37

Em face do resultado encontrado, verificamos que a pizzaria do bairro F deveria comercializar 3.137 *pizzas* por mês e está vendendo 3.300; logo, não precisa baixar o preço.

Bairro G:
y = 5,3931 · 4 + (− 0,07845) · 14 − 5,12935
y = 21,5724 − 1,0983 − 5,12935
y = 15,35

Diante do resultado encontrado, observamos que a pizzaria do bairro G deveria comercializar 1.535 *pizzas* por mês e está vendendo 2.000; logo, não precisa baixar o preço.

Bairro H:
y = 5,3931 · 13 + (− 0,07845) · 12 − 5,12935
y = 70,1103 − 0,9414 − 5,12935
y = 64,05

O resultado encontrado aponta que a pizzaria do bairro H deveria comercializar 6.405 *pizzas* por mês e só está vendendo 6.000; logo, precisa baixar o preço.

Bairro I:

y = 5,3931 · 5 + (− 0,07845) · 11 − 5,12935

y = 26,9655 − 0,8630 − 5,12935

y = 20,97

Conforme o resultado encontrado, a pizzaria do bairro I deveria comercializar 2.097 *pizzas* por mês e está vendendo 2.500; logo, não precisa baixar o preço.

Bairro J:

y = 5,3931 · 10 + (− 0,07845) · 14 − 5,12935

y = 53,931 − 1,0983 − 5,12935

y = 47,70

O resultado encontrado revela que a pizzaria do bairro J deveria comercializar 4.770 *pizzas* por mês e só está vendendo 4.600; logo, precisa baixar o preço.

CAPÍTULO 5

Questões para revisão

1) Fluxo de caixa

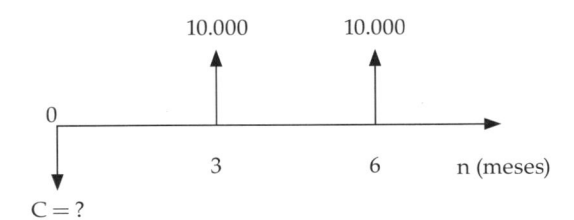

Os R$ 10.000 que serão retirados daqui a seis meses valem, três meses antes:

M = C (1 + i · n)

10.000 = C (1 + 0,012 · 3)

C = 10.000 / 1,036

C = 9.652,51

Essa quantia, somada aos R$ 10.000 que serão retirados daqui a três meses, vale hoje:

M = C (1 + i · n)

19652,51 = C (1 + 0,012 · 3)

C = 19652,15 / 1,036

C = 18.969,60

Portanto, deverá ser depositada a quantia de R$ 18.969,60.

2) J = M − C → J = 11.439 − 9.999 → J = 1.440

J = C · i · n → 1.440 = 8.000 · i · 3 → i = 1.440/2.400 → i = 0,06 a.m. → i = 6% a.m.

3) $M = C \cdot (1+i)^n \to M = 9.000 \cdot (1+0,014)^{105/30} \to M = 9.000 \cdot (1,014)^{3,5} \to$
$M = 9.00 \cdot 1,049863513 \to M = 9448,771617 \to M = 9448,77$

4) $M = C \cdot (1+i)^n \to 35.000 = C \cdot (1+0,018)^6 \to 35.000 = C \cdot 1,112978226 \to$
$C = 35.000/1,112978226 \to C = 31447,15609 \to C = 31447,16$

5) A capitalização simples utiliza os juros simples e a capitalização composta utiliza os juros compostos. Na capitalização simples, uma dívida cresce linearmente ao longo do tempo, enquanto na capitalização composta ela cresce exponencialmente.

6) A taxa de juros aparente não considera a inflação do período ao qual ele se refere. A taxa de juros real considera a inflação do período.

Questões para reflexão

1) $M = C \cdot (1 + i \cdot n) \to 1.301,03 = 1.245 \cdot (1 + i \cdot 3) \to i = 1301,03/1.245 = 1 + i \cdot 3 \to$
$1,045 - 1 = i \cdot 3 \to i = 0,045/3 \to i = 0,015$ a.m. $\to i = 1,5\%$ a.m.

2) $M = C \cdot (1 + i \cdot n) \to 23.100 = C \cdot (1 + (0,24/360) \cdot 75) \to 23.100 = C \cdot 1,05 \to$
$C = 23.100/1,05 \to C = 22.000,00$

3) $M = C \cdot (1 + i \cdot n) \to 25.482,00 = 20.550 \cdot (1 + 0,02 \cdot n) \to 25.482/20.550 = 1 + 0,02 \cdot n \to 1,24 = 1 + 0,02 \cdot n \to 1,24$
$- 1 = 0,02 \cdot n \to n = 0,24/0,02 \to 12$ meses

4) $2.000 \cdot 1.000 = 2.000.000$
$2.000 \cdot 1.100 = 2.200.000$
$M = C \cdot (1 + i \cdot n) \to M = 2.000.000 \cdot (1 + 0,04 \cdot 3) \to M = 2.240.000$
O fazendeiro teve prejuízo de R$ 40.000,00

5) $M = C \cdot (1 + i \cdot n) \to M = 1.450 \cdot (1 + 0,012 \cdot 24) \to M = 1.867,60$

6) $Dr = Vr \cdot i \cdot n \to (38.444 - 34.325) = 34.325 \cdot i \cdot 115 \to 4119 = 3947375 \cdot i \to$
$i = 4119/3947375 \to i = 0,001043478$ a.d. $\to i = 0,031304348 \to i = 3,13\%$ a.m.
Obs.: $n = 8 + 31 + 30 + 31 + 15 = 115$ dias.

7) $Dc = Dr \cdot (1 + i \cdot n) \to Dc = 2.800 \cdot (1 + 0,02 \cdot 4) \to Dc = 3.024,00$

8) $M = C \cdot (1+i)^n \to 32.000 = C \cdot (1+0,025)^4 \to 32.000 = C \cdot 1,103812891 \to$
$C = 32.000/1,103812891 \to C = 28990,42 \to$ A troca é vantajosa.

9) $i_q = (1 + i_t)^{q/t} - 1 \to i_q = (1 + 0,18)^{1/6} - 1 \to i_q = 0,027969749 \to i_q = 2,7969749\%$ a.m.

10) $i_q = (1 + i_t)^{q/t} - 1 \rightarrow i_q = (1 + 0,001)^{30/1} - 1 \rightarrow i_q = 0,030439088 \rightarrow i_q = 3,0439088\%$ a.m.
$M = C \cdot (1 + i)^n \rightarrow 22642,53 = 15.800 \cdot (1 + 0,030439088)^n \rightarrow$
$22642,53/15800 = (1 + 0,030439088)^n \rightarrow 1,433071519 = (1,030439088)^n \rightarrow$
$\log 1,433071519 = n \cdot \log 1,030439088 \rightarrow 0,156267864 = n \cdot 0,013022325 \rightarrow$
$n = 0,158438266/0,013022325 \rightarrow n = 12$ meses

11) $i_q = (1 + i_t)^{q/t} - 1 \rightarrow i_q = (1 + 0,2682418)^{1/12} - 1 \rightarrow i_q = 0,02 \rightarrow i_q = 2\%$ a.m.

$Dr = M \cdot \left[1 - \dfrac{1}{(1+i)^n}\right] \rightarrow Dr = 22.452 \cdot \left[1 - \dfrac{1}{(1+0,02)^5}\right] \rightarrow Dr = 22.452 \cdot \left[1 - \dfrac{1}{1,104080803}\right]$

$Dr = 22.452 \cdot (1 - 0,905730810) \rightarrow$
$Dr = 22.452 \cdot 0,094269190 \rightarrow Dr = 2116,531854 \rightarrow$
$Dr = 2116,53$

12) $Vr = M/(1 + i)^n \rightarrow 8801,77 = 10.000/(1 + 0,0215)^n \rightarrow (1,0215)^n = 10.000/8.801,77 \rightarrow$
$(1,0215)^n = 1,136135118 \rightarrow n \cdot \log 1,0215 = \log 1,136135118 \rightarrow$
$n \cdot 0,009238371 = 0,055429984 \rightarrow n = 0,055429984/0,009238371 \rightarrow n = 5,999973825 \rightarrow n = 6$ meses

13) $\dfrac{20.000,00}{902,45} = \dfrac{(1+0,029)^n - 1}{(1+0,029)^n \cdot 0,029}$

$902,46 \cdot [(1,029)^n - 1] = 580 \cdot (1,029)^n$
$902,46 \cdot (1,029)^n - 902,46 = 580 \cdot (1,029)^n$
$902,46 \cdot (1,029)^n - 580 \cdot (1,029)^n = 902,46$
$322,46 \cdot (1,029)^n = 902,46$
$\log [322,46 \cdot (1,029)^n] = \log 902,46$
$\log 322,46 + \log (1,029)^n = \log 902,46$
$\log 322,46 + n \cdot \log (1,029) = \log 902,46$
$n \cdot \log (1,029) = \log 902,46 - \log 322,46$

$n = \dfrac{\log 902,46 - \log 322,46}{\log 1,029}$

$n = \dfrac{2,955427962 - 2,50847587}{0,012415374}$

$n = 36$ meses

14) $p = 1.999,00$
$i = 1,8\%$ a.m. $= 0,018$ a.m.
$n = 20$
$V = ?$

$V = P \cdot \left[\dfrac{(1+i)^n - 1}{(1+i)^n \cdot i}\right] \cdot (1+i)$

$V = 1.999,00 \cdot \left[\dfrac{(1+0,018)^{20} - 1}{(1+0,018)^{20} \cdot 0,018}\right] \cdot (1+0,018)$

$V = 1.999,00 \cdot 16,6714663 \cdot 1,018$
$V = 33.926,13$

CAPÍTULO 6

Questões para revisão

1)

f	REG
g	BEG
36	n
1499 CHS	PMT
1.99	i
PV	(39.030,76)

2)

f	REG
g	END
f	2
199 CHS	PMT
10	n
2.98	i
PV	(1699,24)
CHS	FV
0	PMT
3	n
PV	(1555,96)

3)

f	REG		
2000	CHS	g	CF_0
500	g	CFj	
5	g	Nj	
f	IRR	(7,9308% a.a.)	

Logo, é inviável, pois se deseja TMA = 12% a.a.

4)

Projeto A

f	REG		
45000	CHS	g	CF_0
10000	g	CFj	
15000	g	CFj	
15000	g	CFj	
10000	g	CFj	
10000	g	CFj	
15000	g	CFj	
f	IRR	(16,6757% a.a.)	

Projeto B

f	REG		
45000	CHS	g	CF_0
15000	g	CFj	
3	g	Nj	
10000	g	CFj	
3	g	Nj	
f	IRR	(18,8039% a.a.)	

Projeto C

f	REG		
45000	CHS	g	CF_0
10000	g	CFj	
3	g	Nj	
15000	g	CFj	
3	g	Nj	
f	IRR	(15,2637% a.a.)	

Projeto D

f	REG		
45000	CHS	g	CF_0
15000	g	CFj	
10000	g	CFj	
15000	g	CFj	
10000	g	CFj	
15000	g	CFj	
15000	g	CFj	
f	IRR	(19,1070% a.a.)	

Nenhum deles, pois a maior TIR = 19,1070% a.a. é a do Projeto D, e a TMA é igual a 20% a.a.

5) Um modelo básico de renda é uma renda que é simultaneamente temporária, constante, periódica, imediata e postecipada.

6) Uma renda diferida é aquela em que há um período de carência.

Questões para reflexão

1)

f	REG
11999	CHS PV
2	n
3,98	i
FV	(12973,13)
CHS	PV
0	FV
5	n
PMT	(2912,48)

2)

f	REG
f	4
50000	CHS PV
10000	PMT
8	n
i	(11,8145 a. a.)

Logo, não é atrativo, pois a TMA é 12% a.a.

3)

f	REG		
5000	CHS	g	CF_0
0	g	CFj	
500	g	CFj	
600	g	CFj	
700	g	CFj	
800	g	CFj	
900	g	CFj	
1000	g	CFj	
2000	g	CFj	
f	IRR	(4,6651% a.a.)	

Logo, é viável, pois se deseja TMA = 2% a.a.

4)

Para TIR = 20%

f	REG				
75000	CHS	FV			
20	i				
5	n				
PV	(30.140,82)				
f	REG				
500000	ENTER	30140.82	– CHS	g	CF_0
170000	g	CFj			
5	g	Nj			
f	IRR	(23,6778% a. a.)			

$$VPL = \frac{170.000}{(1+0,2)^1} + \frac{170.000}{(1+0,2)^2} + \frac{170.000}{(1+0,2)^3} + \frac{170.000}{(1+0,2)^4} + \frac{170.000}{(1+0,2)^5} - 469859,18$$

$VPL = 141666,67 + 118055,56 + 98379,62 + 81983,02 + 68319,19 - 469859,18$

$VPL = 38544,88$

ou

f	REG	
170000	CHS	PMT
5	n	
20	i	
PV		
500000	ENTER	30140.82 –
CHS	+	(38544,88)

A empresa comprará as máquinas, pois o VPL é positivo.

Para TIR = 25%

f	REG	
75000	CHS	FV
25	i	
5	n	
PV	(24576,00)	
f	REG	
500000	ENTER	24576 – CHS g CF_0
170000	g	CFj
5	g	Nj
f	IRR	(23,1163% a.a.)

$$VPL = \frac{170.000}{(1+0,25)^1} + \frac{170.000}{(1+0,25)^2} + \frac{170.000}{(1+0,25)^3} + \frac{170.000}{(1+0,25)^4} + \frac{170.000}{(1+0,25)^5} - 475.424$$

VPL = 136000 + 108800 + 87040 + 69632 + 55705,60 – 475424

VPL = –18246,40

ou

f	REG	
170000	CHS	PMT
5	n	
25	i	
PV		
500000	ENTER	24576 –
CHS	+	(–18246,40)

A empresa não comprará as máquinas, pois o VPL é negativo.

Sobre o autor

Nelson Pereira Castanheira é doutor em Engenharia da Produção com ênfase em Qualidade pela Universidade Federal de Santa Catarina (UFSC) e mestre em Administração de Empresas com ênfase em Recursos Humanos pela mesma instituição. É especialista em Análise de Sistemas, em Finanças e em Informatização e graduado em Eletrônica pela Universidade Federal do Paraná (UFPR) e em Matemática, Física e Desenho Geométrico pela Pontifícia Universidade Católica do Paraná (PUCPR). Ao longo de sua carreira, exerceu diversas atividades fora do magistério durante 25 anos: área de manutenção da IBM e área de manutenção e instrutor da Siemens; no Sistema Telebrás, atuou como gerente de Produtos e Serviços, instrutor e analista de dados. No magistério, atua desde 1971, tendo exercido os cargos de professor e coordenador de Telecomunicações da Escola Técnica Federal do Paraná, professor do Centro Universitário Campos de Andrade (Uniandrade), professor e coordenador da Universidade Tuiuti do Paraná (UTP), professor e coordenador do Instituto Brasileiro de Pós-Graduação e Extensão (Ibpex), professor da Faculdade Educacional Araucária (Facear), professor e coordenador da Faculdade de Tecnologia Internacional (Fatec Internacional), pró-reitor de Pós-Graduação, Pesquisa e Extensão do Centro Universitário Internacional Uninter, pró-reitor de Graduação do Centro Universitário Internacional Uninter e professor da Uninter nas modalidades presencial e a distância. Autor de vários livros nas áreas de matemática, matemática financeira, estatística, cálculo, métodos quantitativos e outras.

Impressão: Gráfica Exklusiva
Março/2022